50歳からの30年!! ゆうゆう生きる お金学

あなた！年率7％で資産運用できますか？

銀座なみきFP事務所
田中徹郎

こう書房

はじめに

　団塊の世代の皆さんにとって、いま一番の関心ごとは「退職後もお金の心配をせず、豊かに暮らせるかどうか」ということではないでしょうか。

　この問題はなにもいまに始まったことではないのですが、最近は年金に対する不安が大きくなっていること、寿命がさらに伸びたことなどもあり、ますます関心が高まってきているように思います。ところが、私たちはこれからの退職後の生活について考えた場合、もうひとつ大きな問題を想定しておく必要が出てきました。それはインフレです。

　インフレという言葉は、最近すっかり耳にしなくなりましたね。むしろここ10年ほど私たちの生活を脅かす問題は、インフレよりデフレのほうでした。デフレには保有している資産が下がり続ける、賃金が下がる、受け取る利子収入が少なくなるといった多くのマイナス面があります。一方でリタイア層に限っていえば、低い銀行の金利を嫌ってタンスにお金をしまっておいても、その間、モノの値段のほうはどんどんと下がっていったわけですね。結果として、実質的な生活は逆に豊かになるといった具合に、デフレはむしろプラスに作用する場合のほうが多かったのではないでしょうか。

　これに対しインフレは、特にこれから給与収入がなくなるリタイア層にとっては大変きびしいものになります。少なくとも、タンスにお金を隠しておく、という消極的な資産運用法（デフレ時代では、

上記のような理由でタンス預金も十分に有効な資産運用戦略だったわけです）は通用しません。少なくともモノの価格の継続的な上昇に打ち勝つためには、何らかのカタチでの資産運用は避けて通れなくなります。そこで皆さんが頭を悩ませるのは、「では、いったいどこに目標を置いて資産を運用していけばいいのか？」あるいは「具体的に何に投資をすればいいのか？」というところではないでしょうか。

　仮に、皆さんが3年後に定年退職をむかえ、2,000万円の退職金を手にするとしましょう。たとえば今後のインフレ率を年2％と想定した場合、はたしてこの2,000万円を年率で何％程度の割合で運用していけば、皆さんの生活をインフレから防衛できるかおわかりでしょうか？

　この問題は、皆さんのリタイア後の生活に非常に大きな影響を及ぼすのですが、実はいままで体系的にまとめた資料は見当たりませんでした。なぜならば、この問題は純粋な経済学的アプローチだけではなく、皆さんお一人お一人のライフプランニングまで踏み込んだ形で考えなければ結論が見えてこない、属人的な要素が多いテーマだったからです。

　さらに申し上げると、インフレ率と（あなたの生活を防衛するために必要な）資産運用の関係は、皆さんお一人お一人の現在の資産残高と、今後の年間収支のバランスのなかではじめて計算できる大変微妙なものです。

　いままでわが国では、資産運用を個人のライフプランをベースにして考えるという習慣はありませんでした。この点では欧米に比べ

まったくの発展途上国といってもよいでしょう。わが国で過去に資産運用とインフレに関する体系的な書物がなかったのは上記のような理由からだと私は思っています。

　では、先ほどの例に戻って、今後年率で2％のインフレが続くと想定した場合、あなたの退職金2,000万円はいったい年率何％で運用していけばよいと思われますか？
　インフレ率と同じく年率2％で運用していけばすむのでしょうか？　実は違います。今後の年間の収支バランスによって変わってくるので一概には言いきれないのですが、標準的な世帯を想定した場合、資産残高が2,000万円程度ですと、場合によっては年率で7％もの高い運用収益が必要になる場合もあります。
　この7％という数字を目にされて多くの皆さんは驚かれたのではないでしょうか？　実は、いままでのようにインフレに連動して、年金の受給額が増えればこのように高い運用利回りを要求されることはありませんでした。
　平成16年の年金改正で年金給付額の「マクロ経済スライド」の導入が決まりました。この制度の導入によって、インフレに対し年金給付額がまったく連動しなくなるかといえばそうではありません。インフレ率がスライド調整率（当面0.9％程度）を超えると、そこから上の部分に対しては連動して給付額も上昇するということになっています。ただ、年金制度は5年に1度、財政再計算に基づいた見直しが行なわれます。年率で2％程度のインフレを想定した場合、現在の年金財政を考慮すると、楽観的にみたとしても現在の給付額は増えないと考えておいたほうが無難ではないでしょうか。

一般的に申し上げて、インフレ率と銀行の定期預金の利子率にはある程度の連動性があります。特に過去数年のデータをみると通常はインフレ率より銀行の一年もの定期預金の金利のほうが多少高く設定されるケースが多いようです。それではあなたの資産は、全額銀行の定期預金で運用してよいかというとそうではありません。いくらインフレ率が年率2％の世界に突入したとしても、銀行の定期預金の金利が年率7％になるとは考えられないですね。過去の例からみると、せいぜい2％～3％がいいところでしょう。

　したがって、これから定年退職をお迎えになる団塊の世代の皆さんは、定年後の再就職や資産の積極的な運用について検討する必要に迫られることになります。よろしいでしょうか、これは好き嫌いの問題ではないのです。もはや、私たちは資産運用という課題に対し正面から向き合うことを避けて通れないところまできていると考えていただきたいのです。まさに私たちは、実質的な年金受給額の減額プラスインフレといういままで日本人が経験したことのない領域に足を踏み入れようとしているわけです。

　本書では、皆さんが資産運用について考える場合、その大前提となる"ライフプラン"の具体的な立て方を第2章でご紹介します。

　また、本書には空白の「キャッシュフロー表」を掲載しています（32～33ページ）。興味のある方は一度ご自分のキャッシュフロー表作成にぜひチャレンジしてみてください。

　続いて第2章では、上記の"インフレ率と（必要とされる）運用利回り"について、さまざまなシミュレーションを行なうなかで、インフレ率・年間の収支・現在の資産残高といった諸条件を変えな

がら、その際に必要な運用利回りがどのように変化するかを検証していきます。この部分を通し、実際の皆さんのご家庭では年率何％程度の資産運用が必要なのかを把握していただきます。

　資産運用を行なう場合、目標とする利回りとリスクには大変深い関係がなりたちます。

　一般的には高い利回り目指せば目指すほど、あなたの資産はそれだけ大きなリスクにさらされることになります。そういう意味で、運用利回りの目標は本来のあなたの身の丈にあったものにしなければなりません。でなければ、あなたは必要以上のリスクを背負い込むことになるからです。そういう意味で、第2章の内容をしっかりとご理解いただくことはきわめて重要です。

　第3章では、第2章で明確になった「資産運用の目標利回り」を達成するために、どのような資産にどれほどのお金を配分すればよいか（これをアセット・アロケーションと呼びます）について、具体的な例を挙げながら解説しました。先ほどの例に戻ると、あなたの退職金2,000万円をどの通貨に配分するか、あるいは元本保証がなされている安全な資産と、高い収益を狙える資産にどのような比率で配分すればよいか、といった大枠の決め方のお話になります。

　大枠のお話ではありますが、このアセット・アロケーションの決定は非常に重要なプロセスです。なかには資産運用の成否の90％はこのプロセスで決まってしまうという説があるほどです。

　このアセット・アロケーションについても過去の書物をみると、いずれも断片的なものが多く、なかなか体系的にまとまった資料にはお目にかかれません。また、証券会社や銀行などでアセット・ロ

ケーションの提案を行なっているのをよく目にしますが、本来は、その前段階である一人ひとりのキャッシュフローを明確にするところからスタートしなければ意味がありません。本書では、ファイナンシャルプランナーでもある私自身が相談者に日頃提供している手法をご紹介することにより、すこしでも皆さんに体系的で実践的な手法を身につけていただければと思います。

　第4章は、いよいよ具体的な金融商品のご紹介です。世の中には多くの金融商品の紹介本があふれていますが、私はそのように紹介本で書き尽くされた商品を、わざわざ本書で取り上げることをあえてしませんでした。なぜなら、それらの金融商品はもうすでに十分に認知されており、本書で取り上げる必要性を感じなかったからです。

　本書では、むしろ皆さんからまだ十分に認知されていない商品、皆さんが危険な商品だと誤解している商品、いまはまだ認知されていないがこれから重要性を増すであろう商品、こういった商品のなかから、リタイアメント層にとって今後大いに有効だと思われる商品のみをいくつかピックアップしてご紹介しました。また、ご紹介にあたっては極力、証券会社やファンドの運用会社など当事者への直接取材を行ない、できるだけ金融商品製作側のナマの声をお伝えできるよう心がけたつもりです。

　本書を通し、できるだけ多くの人がお金に関する悩みを少しでも和らげていただき、また豊かなリタイアメント生活をエンジョイしてくださされば、光栄です。

50歳からの30年!!
ゆうゆう生きるお金学

もくじ

はじめに ———————————————————— 1

第1章　30年たてばこれだけ世の中変わる ———————— 11

1　ひとは何歳まで生きなくてはならないか？ —— 12
2　はたして、30年先の予想はできるのか？ —— 14
3　30年前はこんな時代だった —— 15
4　これからの30年も私たちは変化に翻弄され続ける —— 29

第2章　長生き対策としての資産運用、資産防衛の必要性 ———————————— 33

1　資産運用、資産防衛は
　　まず自分のライフプラン作成から —— 34
2　自分自身の「キャッシュフロー表」を作ってみる —— 42
3　作成した「キャッシュフロー表」を分析してみる —— 51
4　完成した「あなたのキャッシュフロー表」には
　　「隠された変動要因」がある —— 54
5　不確定要素を織り込んだ
　　「キャッシュフロー表」を作成してみる —— 62
6　年率2％のインフレに勝つためには
　　年率何％で資産運用すればよいか？ —— 74
7　インフレ率と資産運用利回りの関係 —— 79
8　では、退職時にいくらあれば安全圏なのか？ —— 85
9　年間10％の支出増で30年後はどうなる？ —— 90

第3章　さあ、資産運用を始めましょう ──── 97

1　そもそも、なぜ資産運用が必要なのか？ ── 98
2　資産の配分はどういう観点で行なうか？ ── 104
3　リスクとリターンという観点からの配分 ── 105
4　伝統的な4資産配分はもう古い！ ── 122
5　マトリックス・アロケーション表を利用して
　　自分自身の資産配分プランを立てる ── 126

第4章　本当の意味で、あなたにとって有益な金融商品を選びましょう ──── 133

1　誰かの"儲け"は、あなたの"損" ── 134
2　資産は"分散"さえすればいいのか？ ── 136
3　株式投信は買いか？ ── 139
4　原商品を買い付ける知識をもてば…… ── 142
5　元本確保型商品は自分でつくれる ── 145

第5章　この商品は検討に値する！ ──── 147

1　商品ファンド ── 149
2　ヘッジファンド ── 170
3　SMA（セパレートリー・マネッジド・アカウント）── 189

**最終章　お金に縛られない
　　　　幸せなリタイアメント・ライフを**　——— 203

おわりに ————————————— 209

カバーデザイン●藤瀬和敏

第1章
30年たてば
これだけ世の中変わる

1 ひとは何歳まで生きなくてはならないか？

　厚生労働省発表の平成15年簡易生命表によると、男性の平均寿命は78.36歳、女性の平均寿命は85.33歳となっています。
　では、「定年退職を迎える60歳の男性が、これから生きる年数（これを平均余命とよびます）」は18年と考えてよいのでしょうか？　答えは「ノー」です。この平均寿命というのはクセモノで、「ゼロ歳児が生きられる年数（すなわちゼロ歳児の平均余命）」をさしています。
　したがって、「ゼロ歳男児」の平均余命は約78歳で平均寿命と一致しますが、ほかのすべての世代の実際に生きられる年数（平均余命）は、平均寿命より長いのです。これは、乳幼児の死亡率がほかの世代のそれより高いことに原因があります。この危険な乳幼児時代を生き延びた人間は、すべて平均寿命より長く生きることができるというわけです。

　では、現在60歳の人の平均余命は何年でしょうか？
　同資料によると、男性が21.98年、女性が27.49年となっています。さらに60歳男性を例にとると、奥さんの平均年齢が2歳年下の58歳だとした場合、奥さんは、ご本人の定年退職時からさらに約30年（27.49歳＋2歳＝29.49年）生き続けることになります。
　加えて、近年の医療技術の進歩はめざましく、平均余命はあと数年伸びる可能性があります。したがって、あなたが定年退職後のラ

イフプラン（特にマネープラン）について考える場合、最低でも30年間のスパンでものごとを考えていかなくてはならないということになるわけです。

② はたして、30年先の予想はできるのか？

　この原稿を書いている時期は平成17年です。では、これから30年先の平成47年、世の中はいったいどのような変化を遂げているのでしょうか？　そして私たちは、いったいどのような生活をしているのでしょうか？

　30年後の世の中を予想することはとてもむずかしいことですが、私たちはいまから30年前の世の中は正確に知ることができます。いまから30年前の世の中を振り返り、その"変化の度合い"を実感することにより、そこから30年後の世の中をおぼろげながらも推測することは許されるのではないでしょうか？

　少なくとも、今後30年で世の中がどれほど変化しているか予測する手がかりにはなるでしょう。

　では、さっそく一緒にその"変化の度合い"を実感していきましょう。

30年前はこんな時代だった

　まずいまから30年前、1975年当時の経済指標をみてみましょう。次ページの表をごらんください。

　いかがでしょうか、ちょっと記憶がよみがえってきましたか？ 30年たてば経済の状況もずいぶんと変わるものですね。
　1973年の秋に起こった第一次石油ショックの影響で、当時の日本の経済は不況と、一時は年率20％を超えるインフレの板ばさみ状況に陥っていました。この後はみなさんご存知のように、日本は石油ショックの影響から完全に立ち直り、再び力強い成長路線に戻っていくことになります。

　それにしても、原油価格が1バレル＝10ドル台前半というにはちょっと驚きですね。10ドルと聞くと、つい最近60ドル台突入（2005年6月時点）を経験したばかりの私たちにとって何ともうらやましい限りですが、この10ドル台が当時は危機的なものだったのですね。ちなみに、第一次石油ショック以前の原油価格はなんと2ドル台です。
　モノの値動きというのはとても面白いですね、同じモノなのにわずか4ヶ月で2.5ドルの商品が10ドルになってしまう。モノの価格は需給だけで決まるわけではありません。将来の予測、儲けたいという人間の欲望、反対に損をしたくないという恐怖心……それらが

経済指標の比較

 1975年　　　 2004年

	1975年	2004年
為替	1ドル＝約305円（注1）	1ドル＝約104円（注4）
日本の株価	4,358円（注2）	11,488円（注5）
米国の株価	851ドル（注3）	10,829ドル（注6）
金価格（1グラムあたり）	1,800円前後	1,500円前後
GDP	およそ152兆円（名目値、対前年比約10％アップ）	およそ501兆円（名目値、対前年比約0.8％アップ）（注7）
国の一般会計予算	約21兆円	約82兆円（平成16年度）
国債発行額	約2兆円	約36.6兆円（平成16年度）
普通国債発行残高	約15兆円（1975年度実績）	約457兆円（2004年度実績見込み）
原油価格（1バレルあたり）	10ドル台前半	45ドル前後（2005年1月現在）
失業率	1.9％	4.6％
物価上昇率	＋10.4％（前年比）	－0.2％（前年比）
大卒初任給	94,300円（ただし、1976年データ）	201,300円（ただし、2003年データ）

注1：1975年12月時点
注2：1975年大納会終値の日経ダウ平均（当時）
注3：1975年12月24日終値のニューヨークダウ平均

注4：2004年末時点
注5：2004年大納会終値の日経225平均
注6：2004年12月29日終値のニューヨークダウ平均
注7：GDPの数値は、2003年度の数値

データは平成16年度版　国民生活白書（内閣府）、労働経済白書（厚生労働省）等に基づき筆者作成。

微妙に絡み合い、時に"ある特別のタイミング"をつくりだすことがあります。このタイミングで大量のお金が一度に流入（あるいは流出）することにより、モノの価格は予想を超えて動く場合があります。

　モノの価格が急に騰がった（あるいは下がった）場合、つねに一歩高いところから人の心理・お金の流れについて冷静に見渡す習慣を身につけておきたいものです。

　GDPと経済成長率をみても面白いですね。中国の2004年度のGDPが13.6兆元（およそ177兆円）、経済成長率は9.5％です（ただし、中国の通貨"元"は米ドルに対しほぼ固定されており、実力より過小評価されている可能性があり注意が必要です）。現在の中国はちょうど1975年当時の日本の経済規模と成長率を持っているということはいえるでしょう。

　改めて30年前の日本の経済指標を見ると、まるで別の国を見ているようですね。世の中、30年も経つとずいぶん変化してしまうことを感じずにはいられません。

　では、人々の生活という観点で見ると世の中はどれほど変わったのでしょうか？
　まず、生活に関連するモノの値段からみていきましょう（次ページ表）。

　コーヒー1杯167円というのは懐かしいですね。いまでも180円くらいで飲めるお店もありますが、スタバとかドトールのようなセルフサービスのお店ですよね。

生活に関連するモノの値段

	 1975年	 2004年
即席ラーメン（一袋）	50円	140円
かけうどん/外食（一杯）	157円	492円
ラーメン/外食（一杯）	181円	559円
ビール/外食（一杯）	251円	537円
コーヒー/外食（一杯）	167円	435円
水道料（20m³あたり）	400円（注1）	2,331円（注1）
ガス代（1m³あたり）	31円	115円
テレビ（20型）	165,000円	198,990円
入浴料（一回）	68円	400円
理髪料（一回）	1,170円	3,679円
タクシー（初乗り料金）	188円	660円
自転車（一台）	34,600円	21,370円
ガソリン（レギュラー、1リットル当たり）	95円	110円
映画鑑賞料	902円	1,800円
レコード（シングル）	513円	ー

注1：1975年度と2004年度では統計の取り方が違うため、20m³あたりの料金に統一
注2：ーは測定値なし

データは平成16年度版　国民生活白書（内閣府）、労働経済白書（厚生労働省）等に基づき筆者作成。

第1章　30年たてばこれだけ世の中変わる

　30年前、喫茶店といえば"じっくり座ってお茶を楽しむ"型のお店しかなかったのに、いまでは"スタバ・ドトール"型のちょい飲みタイプのお店があれば、"銀座ルノアール"型のサラリーマンの憩いの場タイプのお店、なかにはマンガ喫茶や、インターネットカフェのようなものまであります。それぞれにまったく違った価格体系をもち、人それぞれその時々にあったお店で自分の時間をすごす……、喫茶店ひとつとってみても日本人や日本の社会もずいぶんと多様化してきたことに改めて気づかされます。一国の国民の成熟とは多様化をもたらすものなのでしょうか。
　本章の目的は、30年前と現在との比較が目的なので、細かいところには触れませんが、概して外食などのサービス料金や公共料金の上昇率は高く、電気製品など工業製品の価格はそれほど上がっていないのがわかります。これは、つねに世界規模での競争にさらされているハイテク、自動車などのメーカーに比べ、公営事業やサービス業などには国際的な競争原理が及ばないからでしょう。
　業種的にみて多少のひらきはありますが、やはりここでも30年前といまではずいぶんモノの値段が違いますね。物事がゆっくり進行した場合、私たちはほとんどその進行を意識することなくすごしますが、こうやって並べて比較すると改めて変化の度合いに驚かされます。今後、30年間で私たちはきっと同じような変化を体験することでしょう。

　それでは、次に新聞や雑誌から私たちが当時、何に関心を持ち、何に不安を抱いていたのか振り返ってみましょう。
　1975年1月3日付けの朝日新聞に「米ソ潜水艦が接触」という

記事があります。内容は「……ワシントン・ポスト紙上で、核を搭載した米海軍の潜水艦が昨年11月北海海中でソ連潜水艦と接触事故を起こしたことを明らかにした」（抜粋）というものです。

"ソ連"という言葉自体に私は懐かしさを覚えてしまいます。そういえば、当時はまだ"ソ連"や"東ドイツ"が健在でした。いまは地政学的リスクという言葉で"平和の危機"を一くくりにして表現してしまいますが、当時の"平和の危機"は、米国とソ連に二極化した世界大戦のリスクでした。

　……相変わらず世界が危機で満ちていることには変わりありませんが、危機の内訳はずいぶんと変わってしまいましたね。

　次に、同じ朝日新聞1975年の1月7日夕刊の記事から。
「寒空に老人パワー、"食える年金"を要求、〜千人が切々と訴える〜」
　内容は「……"食える年金"の支給を求めるおじいちゃんとおばあちゃんの総決起大会が開かれた。異常インフレの中でのこの集まりは去年の集まりとは全く意味が違う。大会では主催者側から代表が次々と立ち、"世界的な不況、物価高では世界の人びとはみんな苦しんでいるが、もっともしわ寄せを受けるのは私たち。ところが最近の福祉対策は一杯のご飯を半分にせよといったおそまつな内容だ。"などと訴えた。大会では5項目の要望を採択、全員が"国民年金大幅改善""老齢年金大幅増加"と書いた白のタスキがけをしてデモ行進をした。（抜粋）」
　このころの老人にはとてもパワーが感じられますね。平成16年の年金改正でずいぶんと受給者にとって不利な改正が行なわれまし

が、現在の老人たちにはこれほどのパワーは感じられません。"成熟"が人を慎重にし、ひとの行動から活気と躍動感を抜き去ってしまうものだとすれば、これも日本の社会が成熟したことのひとつの"あかし"なのでしょうか。それとも（老人を含めた社会全体の）生活水準や貯えのレベルが向上し、もはや私たちは年金に頼らなくても生きていけるメドを立ててしまったのでしょうか。

いずれにしても、時代の流れは人の貯えだけでなく行動、思考法まで変えてしまうようです。いまから30年後、いったい私たちはどういうふうに成熟し、起こりくる危機に対しどうのような反応を示す社会をつくっているのでしょうか……。

新聞記事からもうひとつ。

日本経済新聞の1975年1月7日に、トヨタの決算発表の記事が出ています。当時のトヨタの決算月は11月だったのですが、この記事によると当時のトヨタの売上高は7,900億円強、経常利益はおよそ180億円にすぎません。直近（2005年3月期）のトヨタの決算をみると、売上高で約18.5兆円、経常利益が約1兆8,000億円となっています。この間、売上高は20倍強、経常利益に至っては100倍程度に増えています。よく企業の寿命は30年などといわれますが、トヨタの創業は1937年となっており、1975年時点ですでに創業以来40年近く、2005年現在では約70年たっていることになります。にもかかわらず、この会社はますます進化し続けているように見えます。

30年後の2035年、いったいこの会社はどのように変化しているのでしょうか。超伝導技術を使った非接触型の走行機のような未

来の乗り物でも作っているのでしょうか。それともＧＥ（ゼネラル・エレクトリック）のように金融を中心とした企業集団に発展しているのでしょうか。あるいは役目を終えた"かつての優良企業"として歴史の教科書の1ページに載ることになるのでしょうか……。

　当時の世相をかい間見る、という意味では新聞や雑誌の広告を見ることも有効です。
　たとえば、当時のマンションの広告を見るといろいろなことがわかります。
　「中村橋"コンド"（マンションの名前、筆者注）、地下鉄有楽町線開通、3DK、1,600万円中心」という物件の広告を見つけました。まず「コンド」というネーミングがおかしいですね。「コンドミニアム」からきているのでしょうか、最近の画一化されたネーミングよりかえってユニークで面白いかもしれません。
　それはさておいて、その価格には予想どおり驚かされます。広さ53m²〜とありますからヤヤ小ぶりではありますが、西武池袋線の最寄り駅から徒歩5分の好立地です。いまなら3,000万円は下らないでしょう。
　さらに違和感を覚えるのは修繕積立金です。なんと月額798円〜1,203円とあります。当時のマンションには価値保全という意識はなかったのでしょうか？　いま、このマンションがどうなっているのか知りませんが、おそらく築30年なので人は住んでいるでしょうが、月額1,000円程度ではたして継続的な補修はできるのでしょうか？　おそらく修繕積立金の引き上げか修繕一時金の徴収のいずれか（あるいは両方）によって当時の路線を修正していると思われ

ます。もしそうであれば当時の購入者の生活設計にいくばくかの影響をあたえたことは間違いありません。

　マンションについては、この"30年前の計算違い"を昔話ですませるわけにはいきません。

　たとえば、これから老朽化する大量のマンションはどうなっていくのでしょうか。2002年に成立した「マンション建て替え円滑化法」によって入居者の5分の4以上の賛成で建て替え決議ができ（この部分は以前からあった規定です）、建て替えに合意した区分所有者が法人格をもった「マンション建て替え組合」を設立し、そのうえで組合の事業としてマンションの建て替えを進めることができるようになりました。マンションを円滑に建て替えるための一応の枠組みは整ったということになろうかと思いますが、実際の建て替えはこれからが本番です（国土交通省の調べでは、築後30年以上の老朽化マンションは2001年時点で全国に約12万戸あったそうですが、2010年には100万戸に達するとのこと）。

　いったい今後どのような問題が起こるのか誰も経験していないわけです（正確にいうと2000年時点で全国で実際に建て替えが行なわれたマンションは60棟程度しかありませんでした）。うまく「建て替え」に成功したとしても、建て替え費用の分担は入居者に課されることになります。容積率に余裕がある場合は、総戸数を増やすことにより得られた利益を建て替え費用に充てることも可能ですが、当然、容積率との兼ね合いで総戸数を増やせないケースもあります。はたして将来の私たちはこれらの負担に耐えられるのでしょうか？

さらに興味深いのは「提携ローンのご案内」です。なんとローンの金利が1年〜10年＝11.52％、11年〜25年＝11.88％となっています。と聞けば、よくもこんな金利で借りるな？と驚きますが、当時の公定歩合は9.0％、10年物国債の利回りは8％台です。2004年末現在は公定歩合が0.1％、銀行の住宅ローンの金利は10年固定で3％台の後半、10年物国債の利回りは1.3％前後です。この30年でずいぶんモノサシの尺度が変わってしまったわけですね。

　いえ、尺度が変わったと他人ごとですませるわけにはいきません。私たちにとっても、長期の変動金利の住宅ローンを残したまま"老後"に突入した場合、金利の上昇は怖いですね。特にリタイア層にとって収入と言えば年金が中心、平成16年の年金改正で「マクロ経済スライド」の導入が決まりました。この「マクロ経済スライド」については第2章で詳しく書きますが、要するに年金受給額が物価や賃金の上昇をストレートに反映しなくなる、ということです。

　もっと簡単に言うと、「物価が上昇しても年金受給額は増えない」可能性が高い、ということです。通常、物価の上昇は金利の上昇を伴ないます。最悪の場合、物価が上昇し、生活費の支出やローンの支払いが増えても、年金収入は変わらないという可能性も十分あるわけです。

　これらのシミュレーションについては、第2章でお見せしますので、ここでは軽く触れる程度にしたいと思います。

　懐かしついでに、当時の新聞広告をもうひとつ。
　先ほどトヨタの決算発表の記事をご紹介しましたが、トヨタのカローラの広告を見つけました。なんと価格は65.9万円（1,200cc）

とあります。安いですね、いまのカローラのいちばん安いモデルで120万円といったところでしょうか。

　これに対し、当時の電卓はずいぶんと高額商品です。「コクヨの電子ソロバン、7,900円」とあります。当時コクヨが電卓を造っていたのも意外ですし、「電子ソロバン」というネーミングも何だかユーモラスですね。さらに興味深いのは7,900円という価格です。いまなら、この程度の電卓なら500円もあれば購入できるでしょう。

　この30年でカローラは2倍近くに価格が上昇しているにもかかわらず、"電子ソロバン"のほうはというと何と15分の1以下に低下していることになります。

　これはいったいどういうことなのでしょうか？　一言でいうと、メーカーが創造した"付加価値"の違い、ということなのでしょう。トヨタは"カローラ"にこの30年間、ずいぶんと付加価値をつけ続けてきましたね。たとえば、パワーステアリング、パワーウインドウ、燃費、走行性、室内空間の広さ、重量、ＡＴ、カーナビ、トランクルーム、安定性、エアバッグ、ドアミラー、……もちろんデザイン性も、数えあげればきりがありません。これに対し、電卓のほうは、せいぜいバッテリーが太陽電池になって全体的にコンパクトになった程度でしょうか。やはり、消費者は利便性の高い商品に対しては、それに見合う対価を支払ってきた、ということでしょうか。

　おそらく、これからも私たちは良いもの、価値があるものはしっかりと見きわめ、それなりの対価を支払っていくことでしょう。一方で企業から見れば、正面から消費者と向き合い、付加価値の拡大に励み続けなければ生き残れないということにもなるでしょう。

もともと日本人は創意と工夫に富んだ民族ですね。ポルトガル人が種子島に火縄銃を持ち込んだのが1543年ですが、当時の種子島のお殿様は2,000両（一説には200両とも）という大金をはたいてポルトガル人から火縄銃二挺を買い求めたうえで、当時の種子島の技術者にこの最新兵器の仕組みの解明と量産を命じました。

　地理的にみて当時、日本に伝わるより早く、アラブ諸国やインドにこの鉄砲は伝わっていたはずですが、当時の大国であったトルコを除き、これらの国々で鉄砲が生産されたという話は聞いたことがありません。

　このテクノロジーに対する執着心の強さは日本人を形成している本質のひとつではないでしょうか。執着心のないところに技術の進歩はありません。実際この二挺の火縄銃は当時の種子島の技術者により分解され、研究され、完全に解明され、さらに彼らは量産体制を確立するに至りました。それから20年後には、早くも日本は世界でも有数の鉄砲生産国になっていたといいます。

　同様なできごとは幕末にも見つけることができます。1853年に米国のペリーが率いた蒸気船をはじめて見て驚いた当時の日本人は、その3年後には早くも3つの藩（宇和島藩、薩摩藩、佐賀藩）によって曲がりなりにも相次いで蒸気船の試作を成功させています（もっとも実用レベルには達しなかったそうですが）。当時の科学技術のレベルは少なくとも蒸気船を見て、これなら自分たちで作れるのではないかと思わせるほどの水準に達していたのでしょう。

　そして、その3隻のうち1隻の設計に携わった"からくり儀衛門"

こと田中儀衛門は現在の東芝の創始者でもあります。船つながりで話を続けますと、からくり儀衛門が蒸気船の試作機を作った50年後には、当時世界有数の海軍国であったロシアのバルチック艦隊をほぼ完全に日本海に沈めています。

　このように見ていくと、日本人がもっているテクノロジーに対する執着心は、きのう、今日にはじまったことではなく、どうやら日本人の血の中に刷り込まれた、"何ものか"によってもたらされているしているような気がしてなりません。
　日本の製造業は（江戸時代の300年間ずっとそうであったのと同じように）1990年代の後半から一時的に衰退しましたが、私はこれをシステムの転換期に起こった一時的な停滞のように思います。構造的な転換を果たした日本の製造業はすでに力強い躍動感を取り戻しつつあるように見えます。
　上記のカローラの例を出すまでもなく、日本の製造業はこれからも新しい付加価値を世界に向かって供給し続け、成長し続けるのではないでしょうか、もともと日本人の体に組み込まれたＤＮＡが導くままに……。

　さて、最後に当時のテレビ欄から当時の茶の間の雰囲気をのぞいてみましょう。
　まず、いちばん目につくのは時代劇の多さです。夜の8時から10時あたりは本当に多いですね。「伝七捕物帳」「鞍馬天狗」「破れ傘刀舟」「丹下左膳」などなど、当時はまだ一家の家長である"お父さん"がチャンネル権をもっていたのでしょうか、この本をお読みの

人にとってはとても懐かしいタイトルではないでしょうか。
　"ほんわか系"のホームドラマも多いですね。「だいこんの花」「ありがとう」「花は花よめ」「家族あわせ」など、一台のテレビをお茶の間で家族みんなで見ている光景が目に浮かぶようです。こういったホームドラマが好まれる時代の背景があったのでしょうね。
　いまから30年後、はたして「ホームドラマ」はまだ残っているのでしょうか？　私たちは、どういった"家族"をつくりあげているいるのでしょうか？

④ これからの30年も私たちは変化に翻弄され続ける

　これまで見てきたように、世の中、この30年でひどく変わってしまいました。ソ連がなくなり、東ドイツがなくなり、中国が思わぬ大国になりました（30年前、中国が有人の人工衛星を飛ばすと誰が思っていたでしょうか……、当時の中国製品といえば50円で買える"粗悪な万年筆"のたぐいでした）。
　東西の冷戦が終結し、平和への脅威はもっぱら局地的で突発的なテロに変貌しました（悲しいことに、変わらないのは世界が不安定で危機に満ちていることだけです）。
　7,000円もした"電子ソロバン"が100円ショップの定番商品になる一方で、70万円の自動車は130万円になる。都内の一等地のマンションが30年前に1,600万円で販売され、その後8,000万円の値をつけ再び買値に戻る。当時年利10％以上で借りた住宅ローンがいまでは2％台の金利で借りられる。

　こうやって見てくると、私たちの生活は、この30年間というものことごとく外部環境に翻弄され続けてきたといえますね。30年前の私たちは、はたしてこれほどの変化を予想できたでしょうか？
　30年前の私たちがいまを予想できなかったように、いまの私たちも30年後を予想することは決してできないでしょう。ただ、ここまでお読みいただいた皆さんは、この30年間の"変化の度合い"をわずかながらでも感じてくださったのではないでしょうか。私た

ちは一般的には、将来の予定を立てながら生きていきます（なかにはまったく計画性なしに人生を送られる人もいますが、おそらくそういう人はこの本を手にしていないでしょう）。

　予想を立てるに際し、外部環境をどの程度織り込むか（たとえば、金利、インフレ、資産の運用利回りなど）は大変重要です。次の章ではいよいよこの本の本論の「キャッシュフロー表」の作成について解説していきます。本章でなんとなく体感していただいた"変化の度合い"を参考にしながら、「キャッシュフロー表」の作成に使うインフレ率・運用利回りなどのパラメーターを変化させていき、その"変化の度合い"が私たちの生活にどのように影響を与えるのか（あるいは与えないのか）を検証していきたいと思います。

第2章
長生き対策としての資産運用、資産防衛の必要性

キャッシュフロー表フォーマット

		現在	1年後	2年後	3年後	4年後	5年後	6年後	7年後
	西暦	2005	2006	2007	2008	2009	2010	2011	2012
	平成	17	18	19	20	21	22	23	24
年齢									
支出	基本生活費								
	住宅管理費等								
	保険関連費								
	住宅ローン等								
	固定資産税・その他								
	レジャー関連費								
	子供のための支出								
	住宅関連費								
	その他支出								
	支出計								
収入	主な収入								
	その他の継続的収入								
	一時的収入								
	年金収入								
	収入計								
年間収支									
資産残高									

		19年後	20年後	21年後	22年後	23年後	24年後	25年後	26年後
	西暦	2024	2025	2026	2027	2028	2029	2030	2031
	平成	36	37	38	39	40	41	42	43
年齢									
支出	基本生活費								
	住宅管理費等								
	保険関連費								
	住宅ローン等								
	固定資産税・その他								
	レジャー関連費								
	子供のための支出								
	住宅関連費								
	その他支出								
	支出計								
収入	主な収入								
	その他の継続的収入								
	一時的収入								
	年金収入								
	収入計								
年間収支									
資産残高									

第2章　長生き対策としての資産運用、資産防衛の必要性

下記のホームページからダウンロードもできます。
（株）銀座なみきFP事務所　http://www.ginzafp.co.jp/download

8年後	9年後	10年後	11年後	12年後	13年後	14年後	15年後	16年後	17年後	18年後
2013	2014	2015	2016	2017	2018	2019	2020	2021	2022	2023
25	26	27	28	29	30	31	32	33	34	35

27年後	28年後	29年後	30年後	31年後	32年後	33年後	34年後	35年後	36年後	37年後
2032	2033	2034	2035	2036	2037	2038	2039	2040	2041	2042
44	45	46	47	48	49	50	51	52	53	54

1 資産運用、資産防衛はまず自分のライフプラン作成から

「ライフプラン」とは一般的には文字どおり、今後の自分の人生設計という意味ですが、私たちファイナンシャルプランナーが使う「ライフプラン」という言葉は"お金の出し入れから見た生活設計"という具合に多分に金銭的な側面にスポットを当てたものです。

ファイナンシャルプランナーが相談者の「ライフプラン」設計について助言を行なう場合、まず「キャッシュフロー表」の作成から入っていきます（当然、相談者との共同作業になりますが）。

では、「キャッシュフロー表」とはいったいどういうものなのでしょうか。前章の最後でもこの「キャッシュフロー表」という言葉を使わせていただきましたが、ここで改めて説明します。

一般的に「キャッシュフロー表」というと、企業が投資家向けなどに作成する財務諸表に含まれる「キャッシュフロー表」を想像する方が多いと思います。考え方は個人の「キャッシュフロー表」も企業の「キャッシュフロー表」も同じで、ある一定の期間のお金の出入りを表し、そこから計算された期末（企業の場合）あるいは年末（個人の場合）の預貯金等の残高をあわせて表示されます。

大きな違いは、前者が単年度ベースの実績を表示するのに対し、後者がいま（当年）から、その人（およびその人の配偶者）が亡くなるまでの将来を、長期間にわたって一覧で表示するところです。

キャッシュフロー表　作成ステップ

　まず、表2-①をご覧ください（次ページ）。この表は、Aさん世帯の現在（2005年）から37年後（2042年）までのキャッシュフローを表したものです。

　表の中、「支出」でくくられた項目は年間の支出を表しています。同様に「収入」でくくられた各項目は年間の収入を表しています。各年の収入ー支出が「年間収支」でプラスであればその年は黒字、ーは赤字を表しています。

　最後の行の「資産残高」はその年の年末時点の金融資産の残高です。これは前の年の「資産残高」に、その年の「年間収支」を足して計算します。たとえば、2005年の「資産残高」1,000万円に2006年（1年後）の「年間収支」120万円を足すと2006年の「資産残高」1,120万円を計算することができます。

　さて、この「キャッシュフロー表」ですが、作成に際し多少の手間がかかります。しかしながら、特に定年退職を間近に控えた人にとって退職後のセカンドライフの生活設計を行なおうとする場合、この「キャッシュフロー表」の作成は避けては通れません。

　たとえば、表2-①の下から2行目に書かれている「年間収支」の推移をご覧ください。Aさんは2005年現在では「年間収支」は120万円の黒字ですが、6年後の2011年には498万円の赤字になっていますね。ただし、2010年に受け

キャッシュフロー表（表2-①）

		現在	1年後	2年後	3年後	4年後	5年後	6年後	7年後
	西暦	2005	2006	2007	2008	2009	2010	2011	2012
	平成	17	18	19	20	21	22	23	24
年齢	A さ ん	55	56	57	58	59	60	61	62
	A さ ん の 妻	53	54	55	56	57	58	59	60
	子 供 1	25	26	27	28	29	30	31	32
	子 供 2	23	24	25	26	27	28	29	30
支出	基 本 生 活 費	262	262	262	262	262	262	242	242
	住 宅 管 理 費 等	24	24	24	24	24	24	24	24
	保 険 関 連 費	50	50	50	50	50	50	20	20
	住 宅 ロ ー ン 等	138	138	138	0	0	0	0	0
	固定資産税・その他	12	12	12	12	12	12	12	12
	レ ジ ャ ー 関 連 費	50	50	50	50	50	250	50	50
	子 供 の た め の 支 出	0	0	0	0	0	200	0	200
	住 宅 関 連 費	0	0	0	0	0	0	250	0
	そ の 他 支 出	30	30	30	30	30	30	20	20
	支 出 計	566	566	566	428	428	828	618	568
収入	主 な 収 入	686	686	686	686	686	686	0	0
	その他の継続的収入	0	0	0	0	0	0	0	0
	一 時 的 収 入	0	0	0	0	0	1,800	0	0
	年 金 収 入	0	0	0	0	0	0	120	120
	収 入 計	686	686	686	686	686	2,486	120	120
年 間 収 支		120	120	120	258	258	1,658	-498	-448
資 産 残 高		1,000	1,120	1,240	1,498	1,756	3,414	2,916	2,468

		19年後	20年後	21年後	22年後	23年後	24年後	25年後	26年後
	西暦	2024	2025	2026	2027	2028	2029	2030	2031
	平成	36	37	38	39	40	41	42	43
年齢	A さ ん	74	75	76	77	78	79	80	81
	A さ ん の 妻	72	73	74	75	76	77	78	79
	子 供 1	44	45	46	47	48	49	50	51
	子 供 2	42	43	44	45	46	47	48	49
支出	基 本 生 活 費	200	200	200	200	200	200	200	200
	住 宅 管 理 費 等	24	24	24	24	24	24	24	24
	保 険 関 連 費	20	20	20	20	20	20	20	20
	住 宅 ロ ー ン 等	0	0	0	0	0	0	0	0
	固定資産税・その他	12	12	12	12	12	12	12	12
	レ ジ ャ ー 関 連 費	30	30	30	30	30	30	30	30
	子 供 の た め の 支 出	0	0	0	0	0	0	0	0
	住 宅 関 連 費	0	0	0	0	0	0	165	0
	そ の 他 支 出	10	10	10	10	10	10	10	10
	支 出 計	296	296	296	296	296	296	461	296
収入	主 な 収 入	0	0	0	0	0	0	0	0
	その他の継続的収入	0	0	0	0	0	0	0	0
	一 時 的 収 入	0	0	0	0	0	0	0	0
	年 金 収 入	259	259	259	259	259	259	259	259
	収 入 計	259	259	259	259	259	259	259	259
年 間 収 支		-37	-37	-37	-37	-37	-37	-202	-37
資 産 残 高		1,602	1,565	1,528	1,491	1,454	1,417	1,215	1,178

第2章 長生き対策としての資産運用、資産防衛の必要性

(金額の単位:万円)

8年後	9年後	10年後	11年後	12年後	13年後	14年後	15年後	16年後	17年後	18年後
2013	2014	2015	2016	2017	2018	2019	2020	2021	2022	2023
25	26	27	28	29	30	31	32	33	34	35
63	64	65	66	67	68	69	70	71	72	73
61	62	63	64	65	66	67	68	69	70	71
33	34	35	36	37	38	39	40	41	42	43
31	32	33	34	35	36	37	38	39	40	41
242	242	200	200	200	200	200	200	200	200	200
24	24	24	24	24	24	24	24	24	24	24
20	20	20	20	20	20	20	20	20	20	20
0	0	0	0	0	0	0	0	0	0	0
12	12	12	12	12	12	12	12	12	12	12
50	50	30	30	30	30	30	30	30	30	30
0	0	0	0	0	0	0	0	0	0	0
0	0	0	0	0	0	0	0	0	0	0
20	20	10	10	10	10	10	10	10	10	10
368	368	296	296	296	296	296	296	296	296	296
0	0	0	0	0	0	0	0	0	0	0
0	0	0	0	0	0	0	0	0	0	0
0	0	0	0	0	0	0	0	0	0	0
120	120	259	259	259	259	259	259	259	259	259
120	120	259	259	259	259	259	259	259	259	259
-248	-248	-37	-37	-37	-37	-37	-37	-37	-37	-37
2,220	1,972	1,935	1,898	1,861	1,824	1,787	1,750	1,713	1,676	1,639

27年後	28年後	29年後	30年後	31年後	32年後	33年後	34年後	35年後	36年後	37年後
2032	2033	2034	2035	2036	2037	2038	2039	2040	2041	2042
44	45	46	47	48	49	50	51	52	53	54
82	83	84	85	86	87	88	89	90	91	92
80	81	82	83	84	85	86	87	88	89	90
52	53	54	55	56	57	58	59	60	61	62
50	51	52	53	54	55	56	57	58	59	60
200	200	200	200	200	200	200	200	200	200	200
24	24	24	24	24	24	24	24	24	24	24
20	20	20	20	20	20	20	20	20	20	20
0	0	0	0	0	0	0	0	0	0	0
12	12	12	12	12	12	12	12	12	12	12
30	30	30	30	30	30	30	30	30	30	30
0	0	0	0	0	0	0	0	0	0	0
0	0	0	0	0	0	0	0	0	0	0
10	10	10	10	10	10	10	10	10	10	10
296	296	296	296	296	296	296	296	296	296	296
0	0	0	0	0	0	0	0	0	0	0
0	0	0	0	0	0	0	0	0	0	0
0	0	0	0	0	0	0	0	0	0	0
259	259	259	259	259	259	259	259	259	259	259
259	259	259	259	259	259	259	259	259	259	259
-37	-37	-37	-37	-37	-37	-37	-37	-37	-37	-37
1,141	1,104	1,067	1,030	993	956	919	882	845	808	771

取った退職金1,800万円の効果もあり、2011年の時点で「資産残高」は2,900万円以上あります。

さらに、ずっと右側に目をやると、どうでしょうか。Aさんの資産は減る一方で、この表の最後の2042年時点ではわずか771万円まで減少することになります。

この例では、資産残高は最後までマイナスになることはありませんが、仮にマイナスになった場合、それは何を意味しているのでしょうか？　おわかりですよね、すなわちそれ以降は人からお金を借りて生きていくということを意味しています（資産残高推移グラフ　グラフ2-①/2参照）。

いま、この時点であれば社会的な信用もあり、人様からお金を借りるということはさほどむずかしくはないかもしれません。しかしたとえば、80歳を過ぎた高齢者に簡単にお金を貸してくれるお人よしはそういません（担保を持っ

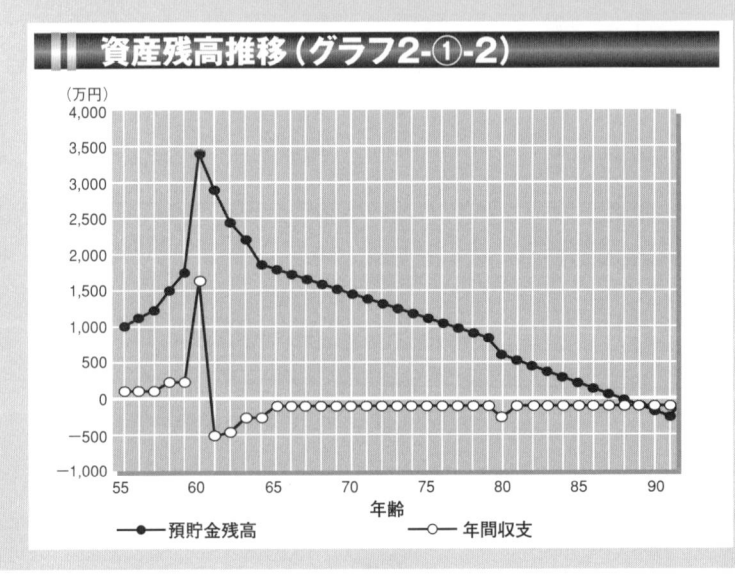

資産残高推移（グラフ2-①-2）

ていれば別ですが)。

　そこにこの「キャッシュフロー表」を作る意味があるのです。要するに、ご自分の人生の終末（予定）年度において「資産残高」をプラスに維持するために、何をすればよいか？　それをこの「キャッシュフロー表」を作りながら、もしくは作成したあと考えていくわけです。

　ちなみに、表2-①のＡさんは皆さん（この本を書いている時点で50歳台後半の団塊の世代に属する人）ご自身です。

　この表を作るにあたっては、平成16年版「国民生活白書」（内閣府）、平成14年「家計調査年報」（総務省）等のデータを参考にしながら、一部私自身の推計を加え作成しました。これらのデータによりますと、夫が65歳以上、妻が60歳以上の無職世帯（平均72.9歳）の平均で、手取りの年金受給額はおよそ259万円、支出は296万円となっています。

　したがって、もしあなたが平均的な勤労者だと仮定すれば、おおむねご自分の「キャッシュフロー表」はこの表に近いものになる、と考えてよいと思います。

(主な数値の設定根拠)
- ローン返済額平均は、総務省「家計調査年報　平成14年」の世帯主55歳〜59歳の住宅ローン平均返済額を使用。
- ローン返済を2007年までとしたのは、上記年報にある世帯主50歳代の平均負債残高を上記138万円で割った結果、約3年と算出。
- 60歳から64歳までの年金収入は、平均的な厚生年金・国民年金給付額モデルにより筆者算出。
- 65歳以降の年金収入は、総務省「家計調査年報　平成14年」の高齢夫婦無職世帯の社会保険給付額（月額21.6万円）を採用。

- 2010年までの主な収入は、総務省「家計調査年報 平成14年」の住宅ローン返済世帯の可処分所得、月額57.2万円を採用。
- 65歳以降の支出計（年間296万円）は総務省「家計調査年報 平成14年」の高齢夫婦無職世帯の消費支出（月額24.6万年）を採用。

とは言っても、現実には「キャッシュフロー表」は十人十色、たとえば表2-①では55歳のＡさんは年間138万円の住宅ローンを57歳で完済することになりますが、もちろん、あなたが住宅ローンを支払っていなければこの支払いは不要になります。

また、逆にＡさんは60歳で定年退職したあと、再就職をしないという想定ですが、あなたはどうお考えでしょうか。

さらに、Ａさんの2005年末の「資産残高」は1,000万円

平成15年における金融資産保有額の分布（表2-②）

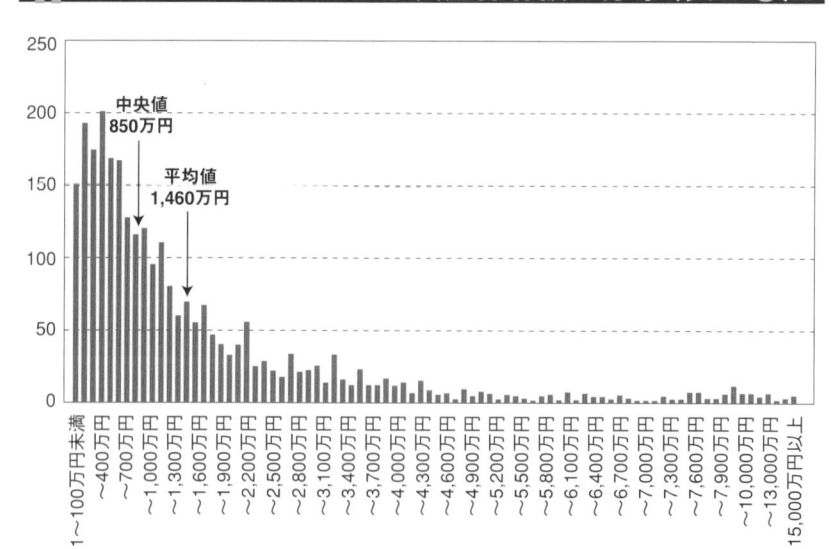

中央値 850万円
平均値 1,460万円

出所：金融広報中央委員会「家計の金融資産に関する世論調査」（平成15年度）

としています。平成15年「家計の金融資産に関する世論調査」（金融広報中央委員会）によると、一世帯あたりの金融資産保有額の"平均値は"1,460万円、一方で"中央値"は850万円となっています。皆さんは、この平均値と中央値の違いをごぞんじでしょうか？

平均値は文字どおり合計をサンプル数で割った、単純平均です。これに対し"中央値"は、たとえば日本の人口が100人だと仮定した場合、ちょうど真ん中に位置する50人目の人の値を言います。"平均値"はどうしても一部の超富裕層に上のほうに引っ張られ、高めに出る傾向があります。したがって、日本の一世帯あたりの"平均"資産残高が1,400万円強といっても、あまり気になさらないでください、感覚的には"中央値"の850万円程度だと思ってよいでしょう（表2-②参照）。表2-①においては便宜上、"中央値"の850万円からやや上位の1,000万円という金額を使わせていただきました。
（一部の超富裕層が平均値を600万円も上に引っ張る、という事実には驚かされます。日本も"貧富の差"というバラツキがずいぶん出てきた、ということでしょうか……）。

代表的な「キャッシュフロー表」を掲げてはみましたが、ライフプランは十人十色。ご自分の将来に不安をお持ちの方は自分自身の「キャッシュフロー表」をぜひお作りになることをおすすめします。

② 自分自身の「キャッシュフロー表」を作ってみる

　前項①でご説明したように、「キャッシュフロー表」は「家族構成および年齢」、「支出」、「収入」、「年間収支」、「資産残高」の5つの項目からできています。一般的にはEXCELなどの表計算ソフトによって作成された"専用ソフト"を使って順次入力していくことになります。ただ、現状では残念ながらこの手の"専用ソフト"は市販されておらず、私たちのようないわゆるファイナンシャルプランナーは個別に作成したソフトを使い、相談者のコンサルテーションを行なっています。

　いま"個別に作成したソフト"と書きましたが、実際にはソフトハウスが作成、販売したものをファイナンシャルプランナーは購入し使用するケースが一般的です。ただ、私自身に限っていえば、のちほどご説明させていただくような、独自のやりかたで分析を行ないますので、これらのソフトハウスが開発したいわゆる"量販品"は使えません。自分で外注に出して作成した"独自ソフト"を使っています。

　本書では「キャッシュフロー表」作成のための"フォーマット"をこの本に掲載しました（32〜33ページ）。表計算ソフトのように自動計算とはいきませんが、ぜひこのフォーマットを利用し、ご自分の「キャッシュフロー表」作りにチャレンジしてみてください。

　また、私が代表を務める（株）銀座なみきFP事務所のホームページでは、無償で「キャッシュフロー表フォーマット」をダウンロ

ードしていただけるようになっております。パソコンを使える方は下記にアクセスのうえ、ご自分のパソコンにダウンロードしてお使いになってください。ただし、上記フォーマットはマイクロソフト社のEXCELで作成されております。ご自分のパソコンにEXCELがインストールされていない場合はご利用になれませんのでご注意ください。

(株) 銀座なみきFP事務所ホームページ内の「キャッシュフロー表フォーマット」ダウンロードページ
　http://www.ginzafp.co.jp/download/

　また、私がいまからご説明するこ内容はいくつかのステップに分れております。最初の基本的なステップのみは上記の"無償ソフト"で実行できるのですが、それ以上のステップ（インフレ率までを考慮に入れたシミュレーション）では上記のソフトでは対応できません。ご了承のほどお願いいたします。

　さて、具体的な計算方法です。
　上記でご説明したように、「キャッシュフロー表」の構成要素は「家族構成および年齢」、「収入」、「支出」、「年間収支」、「資産残高」の5つだけです。以降、順を追ってご説明しましょう。

【家族構成および年齢】
　「家族構成および年齢」は単にご家族のお名前、年齢をに順次記入していくだけです。お子様については独立して別所帯を持つ（であ

ろう）年まで「年齢」を記入してください。とても単純な作業です。（上記の無償ソフトでは初年度のみ年齢を入力していただければ、あとは自動的に計算される仕組みになっています。）

　ただし、ひとつだけ決めていただかなくてはならないことがあります。それは、この表の最終年をどこに設定するか？という問題です。

　要するに、これはあなたは何歳まで生きますか？という質問と同じことです。多少抵抗感があると思いますが、勇気を出して決めてください。一般的には、第1章でご説明したとおり、60歳の女性の"平均余命が"27.49歳ですので、余裕を見て"奥様が90歳になる年"を最終年にするのがよいと思います。

【収入】

「収入」の項目は多少骨が折れます。

　サラリーマンの場合、現役時代の「収入」は普通は給与ですね。これが個人事業者になると事業収入となります。これらの収入は、その人の収入の形態によって呼び方が変わってきますので、この「キャッシュフロー表」では「主な収入」と呼ぶことにしています。

　ほかに「その他の継続的収入」、「一時的収入」、「年金収入」に分けて記入するように作られていますが、いずれも税引き後（手取り）の金額でご記入ください。

　あなたの将来の収入を想定するためには、まずご自分の将来の大ざっぱな方向性を決める必要があります。たとえば、何歳でいまの会社（あるいは、事業）を退職する（あるいは、やめる）のか？

第2章　長生き対策としての資産運用、資産防衛の必要性

再就職はするのか？　するのであれば、次は何歳まで働くのか？

　"ご自分の「キャッシュフロー表」を作る"ということは、ある意味"ご自分の将来のプランを設計すること"と同じことです。なぜならば"お金の出入り"はその人の生活設計と切り離しては考えられないからです。おそらく、本書の読者であれば、定年退職後の生活設計について一度や二度考えられたことがあるはずです。ただ、その考えられた"生活設計"に基づいて現実の"お金の出入りに落とし込む作業"はほとんどの方はおやりになったことはないのではないでしょうか？

　自分の「キャッシュフロー表」を作ることのひとつの意味はここにあります。いままで漠然と考えていたご自分の将来の生活を、お金という側面から可能な限り正確に把握し、いままで漠然と考えていた"生活設計"がはたして実現可能なのかどうか？　より明確に認識するきっかけを与えてくれることになるでしょう。

　また、もしお金の面から実現がむずかしい、という結果が出た場合、「キャッシュフロー表」は、どのような対策を立てれば、あなたのご希望の生活を手に入れることができるか？　その対応策についても語りかけてくれます。

　では、改めてあなたの考える"生活設計"に基づいて、将来の「収入」を記入してみてください……とは言っても、基準についての知識がなくてはむずかしいですよね。

　以下に挙げるのは、平均的な「収入」金額です。これらの数値をご参照のうえ、チャレンジしてみてください。

＜平均的な年間の勤め先収入＞
・世帯主が60歳以上の世帯の「勤め先収入」　293万円（手取り）

　上記金額は、平成14年度　総務省「家計調査年報」に基づき筆者独自の計算を加え行ないました。もし、あなたが60歳以降も働く場合は、この数値を使ってみてください。

＜平均的な年金受給額＞
・世帯主が60歳〜64歳までの世帯の「年金受給額」　120万円（手取り）
・世帯主が65歳以降の世帯の「年金受給額」　259万円（手取り）

　上記65歳以降の「年金受給額」は、平成14年度　総務省「家計調査年報」に基づき筆者独自の計算によるものです。また60歳〜64歳までの「年金受給額」は受給者が働かないという前提のもとに、筆者が平均的モデルをベースに計算したものです。もし、60歳以降も働く場合、60歳時〜64歳時までの年金受給額は調整（減額）されることになり、この場合ですと、調整後の受給額は年間80万円程度になります。なお、勤め先収入が前掲の293万円程度の場合、65歳以降は調整はないものとお考えください。また、数値はいずれも世帯単位のものとなっております。

　年金受給額の計算というものは、まったく複雑にできています。それというのも、年金制度が創設されて以来何度となく改正が行なわれてきたからです。改正が行なわれた場合、その都度「改正前」

と「改正後」の受給者の不公平を調整する必要がでてきます。その結果、いくつもの"加給"や"調整"といった枕ことばのついた一種の調整項目ができてしまったのでしょう。

　これらの調整項目をいちいち列挙して受給額を正確に計算することは、予想以上に複雑で大変な作業です。また、それらを努力して解明したところで、何ら生産的な結論を導き出せるというものでもありません。

　この章の目的はあくまで「キャッシュフロー表」の作成にあります。上記に挙げさせていただいた数値でとりあえず代用して進めるのもひとつの手ですし、また、時間のある方は社会保険庁に問い合わせてみるのもよいでしょう。55歳以上の方については社会保険庁のホームページから試算の申し込みができます。ただし、試算結果は1ヶ月程度あとに郵送でおくられてきますので、お急ぎの方には向いていません（2005年1月以降はメールによる問い合わせも可能になりました。なお、この場合の回答は申し込み後1週間程度で届きます）。

　あるいは55歳未満の方であっても、同じく社会保険庁のホームページ内の「自分でできる年金簡易試算」（http://www.sia.go.jp/sodan/nenkin/simulate/top.htm ）にアクセスしてみてください。あくまで簡易ではありますが、「キャッシュフロー表」を作成するには十分なレベルの受給額を知ることができます。

　ただし、年金関係でもうひとつ必要なものがあります。それは「厚生年金基金」です。「厚生年金基金」は企業が国を代行して運営する部分と、各企業が独自の上乗せを行なうために運営をする部分から構成されています。いずれにしても、「厚生年金基金」は会社

により独自の運営がされており（もちろん制度そのものを持たない会社も多数あります）、上記の社会保険庁の計算からはこの部分が除外されていますので注意してください。

「厚生年金基金」は特に歴史の長い大企業では受給額が大きく、「キャッシュフロー表」作成の際には忘れてはならない項目です（会社の総務部門に問い合わせれば、予想受給額を教えてもらえます。また、イントラネット内で予想受給額を公表している会社もありますので、ぜひ調べてみてください）。

収入の部分で最後に注意が必要なのは、上記で調べた金額を「主な収入」、「その他の継続的収入」、「一時的収入」、「年金収入」のうち、どの項目に記入するか、です。実は、あまり神経質にならなくてもいいのですが、おおむね、以下のような基準で振り分けてください。

「主な収入」……給与収入、事業収入

「その他の継続的な収入」……家賃収入、利子収入、配当収入

「一時的収入」……退職金、不動産等売却による収入

「年金収入」……年金収入

【支出】

「支出」項目には、「基本生活費」、「住宅管理費等」、「保険関連費」、「住宅ローン等」、「固定資産税・その他」、「レジャー関連費」、「子供のための支出」、「住宅関連費」、「その他支出」から構成されています。あまり厳密に考えることはありませんが、おおむね下記のような基準で分類後、記入してみてください。

「基本生活費」……水道光熱費、食費、新聞雑誌などの費用、医療費、被服費、交際費、通信費など生活に際しての定常的な費用です。なお、賃貸住宅にお住まいの方は支払家賃をここに入れてください。

「住宅管理費等」……持ち家の場合は、管理費、修繕積立金です（リフォーム費用・大規模修繕費用は下記の住宅関連費に入れてください）。

「保険関連費」……生命保険、医療保険、個人年金保険、自動車保険、火災保険など保険にかかわる費用です。

「住宅ローン等」……主に住宅ローンですが、自動車ローンなど金額の大きなローンの支払いはここにご記入ください。

「固定資産税・その他」……固定資産税、都市計画税などの税金を入れてください。車をお持ちの方は自動車税なども入れてください。

「レジャー関連費」……車の購入、趣味、旅行、場合によっては別荘を建てる、クルーザーを買うなどご家族の"ゆとり"部分の費用を一度はすべて記入してみてください。

「子供のための支出」……お子様がまだ在学中の場合は教育費を、教育期間が終了している場合には「結婚資金援助」「住宅取得援助」のための費用をご記入ください。「結婚資金援助」は平成15年の平均で約244万円（リクルート社「ゼクシー」による調査）となっています。これらはあくまで平均値です。ご自分の意思を踏まえてご記入いただければ結構です。

「住宅関連費」……持

住宅関連費用の目安（表2-③）

（単位:万円）

項　目	金　額
太陽熱温水器の設置	355
台所回りの改善	246
内装の模様替え	207
断熱工事	198

国土交通省　平成14年度　増改築・改装等調査結果より抜粋

ち家のかたのみご記入ください。住宅の改築、リフォーム、大規模修繕費用などがここに入ります。なお、リフォームにかけた費用の平均値は表2-③のようになっています。大規模修繕費用はご自宅がマンションの場合のみ発生します。ご不明の場合は、マンションの管理組合に長期修繕計画を確認してみてください。

【年間収支】【資産残高】

「資産残高」は下記の式によって計算することができます。

　当年の「資産残高」＋当年の「年間収支」＝翌年の「資産残高」となります。ただし、最初のスタート年の「資産残高」は多少注意が必要です。たとえば、2005年の3月を起点に「キャッシュフロー表」を作ろうとした場合、2005年の「資産残高」は2005年12月31日時点の「資産残高」意味しています、したがって、ひとつ年をさかのぼっていただき、2004年末（前年末）時点での「資産残高」に2005年の予想年間収支を足したうえで、2005年の「資産残高」項目にご記入ください。

　要するに、「資産残高」は各年末時点の「資産残高」を表しているのです。初年度の「資産残高」のみ注意してご記入いただければ、あとは上記の単純な計算式で、ずっと最後までだせますのでご安心ください。

「年間収支」は各年の「収入」－「支出」を計算した結果をご記入いただければ結構です。なお、上記でご紹介した無償ソフトでは、この「年間収支」・「資産残高」はすべて自動的に計算されるようになっています。

第2章　長生き対策としての資産運用、資産防衛の必要性

③ 作成した「キャッシュフロー表」を分析してみる

　では次に、ご自分で作った「キャッシュフロー表」を分析していきましょう。

　まず、何より重要なのは「資産残高」の推移です。標準的な世帯を表す（表2-①）ではAさんが92歳になる西暦2042年時点で資産残高が771万円あり、まったく問題ないと言えるでしょう。さて、皆さんはいかがでしたでしょうか？

　おおむね、奥様が90歳を迎える年まで資産残高をプラスにキープできるなら、あなたの今後の生活は"まずは問題ない"と言えるでしょう。ただし、あくまで"まずは"と申し上げておきましょう。理由は次章以降に明らかにしていきます。

　反対に、奥様が90歳を迎える年より前に「資産残高」がマイナスになるようでしたら、問題ありです。

　ぜひ、以下のことについて真剣に考えてみてください。

１．住宅ローンをお持ちの場合は、繰上げ返済をする

　本書が対象にしている団塊の世代（1947年〜1951年ごろまでに生まれた人）の場合、住宅ローンはある程度返済が終わっていると思います。それでも、前記の「家計調査年報」データによると、ローンをかかえる標準的な世帯で500万円前後、3年程度の支払い期間が残っていることになっています。

　仮にローンの残高が500万円程度ですとさほどの効果はありませ

んが、それでもこの時点で完済してしまうことにより、多少のキャッシュフロー改善効果はあるでしょう。そもそも、資産を増やそうとした場合、年率で2％、3％といったある程度の利回りを狙う場合、多少なりともあなたの資産はリスクにさらされることになります。これに対し、住宅ローンの繰上げ返済はまったくリスクを伴いません。

　さらに細かい話をしますと、資産運用を行なう場合には、収益部分からは一般的には20％程度（何で運用するかによりますが）の税金が差し引かれることになります。これに対し、住宅ローンの繰上げ返済は、実質的には資産運用と同じ効果があるにもかかわらず、税金は発生しません（支払う金利が少なくなったからと言って税金を取られることはありませんよね）。

　このように考えていくと、あなたに資金的な余裕がある場合は、一般的には残高の多寡にかかわらず、住宅ローンは繰り上げ返済をしておくに越したことはないわけです。ただし、繰り上げ返済にかかる手数料は一応チェックしてください。

2．収入を増やす

　あなたが、上記の「キャッシュフロー表」作成に際し、定年後に再就職をしないということを前提にしているのであれば、再就職を選択肢に入れてみてはいかがでしょうか？　60歳時から64歳まで年間およそ360万円の収入を得ることができれば、4年間で1,400万円強のキャッシュフロー改善効果があります。

　たとえば年間100万円の赤字世帯に当てはめて考えると、これだけで14年間「資産残高」がマイナスになる時期を後にずらせるこ

とができます。ただし、働きながら公的年金を受け取る場合、年金支給額が調整（カット）されるので、その点はあらかじめご確認ください。

3．支出を減らす

　最初の「キャッシュフロー表」を作成した時点では、どうしても"ご希望山盛り状態"になりがちです。ここでは特に「レジャー関連費」など、ゆとり部分の支出から順次見直すようにしてください。

　例をあげると、"別荘の購入（少数派だと思いますが）"、"車の買い替えの間隔"、"旅行"などが第一候補になります。それでも、削減が足りなければ「保険関係費」についてご一考ください。

　本書は"保険の見直し"解説本ではありませんので、詳しくここで説明することはしませんが、本来保険というものは万一の事態に備えるためのものです。一般的には世帯主がリタイアし、お子様が独立してしまえば生命保険の必要性は急速に低下します。たとえば、50歳台で10年更新型・死亡保障額3,000万円の定期保険に加入したとすると、おおむね年額40万円程度（10年間の累計で400万円程度）の保険コストが発生します。

　また、この金額は加入時点の年齢が上がるにしたがって加速度的に増えていきます。縁故や知り合いから勧められ加入した場合など、解約がしづらいとお感じの方もいらっしゃるかもしれませんが、この際、背に腹はかえられません。ぜひリタイアを機会に"保険の減額"にチャレンジしてみてください。

❹ 完成した「あなたのキャッシュフロー表」には「隠された変動要因」がある

　いかがでしたでしょうか？　このようにして見直しを行なった結果、奥様が90歳を迎えるときまで「資産残高」をプラスに維持できれば一応は第一段階クリアということになります（欲を言えば、奥様が亡くなるときに「葬儀費用」「墓石代」など300万円程度は見ておいたほうが安全ですが……）。

　このようにして作ったご自分の「キャッシュフロー表」を見ると、改めていろいろなことが見えてきます。たとえば、あなたの「資産残高」はどのように推移していますか？　おそらくほとんどの方

資産残高（グラフ2-④）

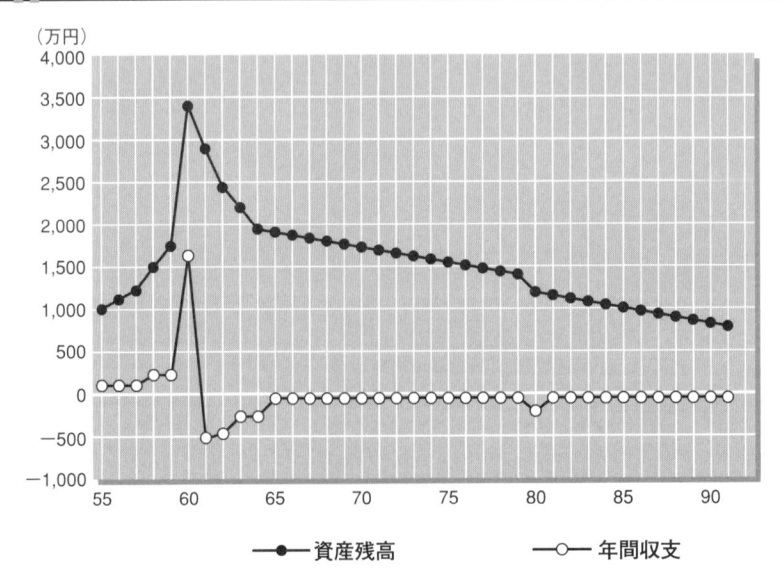

（万円）

―●― 資産残高　　―〇― 年間収支

（みなさんが定年退職を数年後に控えた、いわゆる"団塊の世代"に属すサラリーマンだと仮定した場合）は数年後の定年退職時に「資産残高」はピークを迎え、その後ダラダラと減っていくというパターンになっているのではないでしょうか？（グラフ2-④参照）

　自分の「資産残高」が確実に減っていく状態を見て快く感じる人はいないですよね。いや、むしろある種の"恐怖感"すら覚えられるのではないでしょうか。ましてや、この「キャッシュフロー表」にはさまざまな「変動要因」が隠されています。勘のいい人なら、この表をご覧になり、「隠された変動要因」にもうお気づきになったのではないでしょうか？　では、その「隠された変動要因」とは何なのか、順を追ってみていきましょう。

【消費税】

　たとえば、「消費税」は本書を書いている2005年時点で5％ですが、これから先30年間でいったい何％まで上がるのでしょうか？

　民主党が2004年11月に提出した法律案には「年金目的消費税」創設が記載されています。これは、現在の年金制度を抜本的に見直すと同時に、将来予想される年金収支マイナスの一部を、消費税アップによって補おうという案です。民主党の案では、将来の「年金目的消費税」をいくらにすれば、年金収支が均衡するかは明確に示されていませんが、たとえば平成15年度の厚生年金・国民年金の赤字額の合計は（仮に厚生年金基金の代行返上による、一時的なかさ上げ効果がなければ）実質およそ3.8兆円になります。大ざっぱに消費税1％のアップで、およそ2.5兆円の増収効果がありますので、この部分だけで1.5％程度の消費税アップが必要だということ

になります。

　また、日本の財政赤字（新規財源債の発行額）は平成17年度予算ベースではおよそ34兆円となっています。上記と同様に、仮に消費税のみで赤字を解消しようとすれば、13.6％程度のアップが必要ということになります。

　消費税という税金はまったく便利にできていますね。法人税を上げると、優良企業ほど法人税の安い国に拠点を移し、結果的に税収が下がるという反動が生じますが、人間は消費税が高いからといって簡単に国境をまたいで逃げるわけにはいきません。また、所得税を上げようとすると、各所得階層ごとの負担をどう調整するかという議論が起こり、かなり調整に手間どることが予想されます。

　これに対し、消費税の税率でツジツマを合わせるのは簡単ですよね。ほぼすべての所得階層の人が（ある意味で、ですが）公平に税の負担上昇を受け入れることになります。ましてや、それが"年金制度"の維持という崇高な目的のために導入されるのであれば……、多少苦くはありますが"苦さ"の代償として"年金制度"は維持されるわけです。さらに言うなら、わが国の消費税は欧米に比べ未だ低率です（欧米の消費税率は、生活必需品などには軽減税率が設けられてはいますが、15％〜20％が主流のようです）。

　そもそも高度成長期には法人税と所得税が急速に伸び続けたため、消費税を導入しなくても財政は維持されてきたという歴史的な経緯がありました。これからの30年を考えた場合、上記のような状況を総合的に考え、消費税は欧米並みの15％〜20％程度になると想定したうえで「キャッシュフロー表」を作成したほうが無難なのではないでしょうか。

【年金制度】

　次に考えなければならないのは「年金の受給額」です。この問題については社会的な関心が非常に高く、あらためてここでご説明する必要はないかもしれませんが、平成16年度の年金改正の内容について軽く振り返っておきましょう（図2-⑤＝次ページ）。

１．年金負担率の上昇
２．年金給付額の抑制（「マクロ経済スライド」の導入）

　これからのリタイア層にとっては、負担する側の「年金負担額」より受ける側の「年金給付額」に注目しなくてはなりません。その際「マクロ指標スライド」というのは実にくせものです。

　皆さんは、仮に年金受給額が将来減らされる、と決まればどう思われますか？　第1章でみたように、最近の日本人は30年前に比べるとずいぶんおとなしくはなりましたが、それでも給付額が減ると聞けば相当反対しますよね？　歴史的にみても、過去に支給年齢をずらしたことはあっても、年金給付額そのものを減額したことはありませんでした。すでに支払いを約束した年金の減額は、政治的にも、法的にみてもかなりの困難が伴なうからでしょう。

　しかし、物価や賃金が上昇しても給付額を一定（当然、下がった場合は追随して下げます）としてしまえばどうでしょうか？　比較的反対なく導入できそうですよね。「マクロ経済スライド」はまさにこれです。物価や賃金の上昇時に、給付額を上げずにすめば、実質的には支給額の削減と同じ効果が得られるわけです（図2-⑤。厳密には、まったくの固定ではなく、厚生労働省によれば2025年までは年率で0.9％（これがスライド調整率です）を超えて、物価や

年金改正（図2-⑤）

ある程度、賃金（物価）が上昇した場合

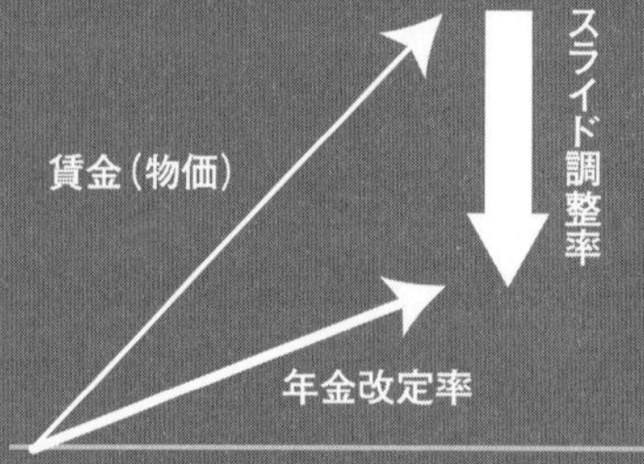

賃金（物価）
スライド調整率
年金改定率

（例）
賃金（物価）上昇率：2.0%
スライド調整率：0.9%
の場合
⬇
年金の伸び率：1.1%
（2.0％－0.9％＝1.1％）

賃金（物価）上昇が小さい場合

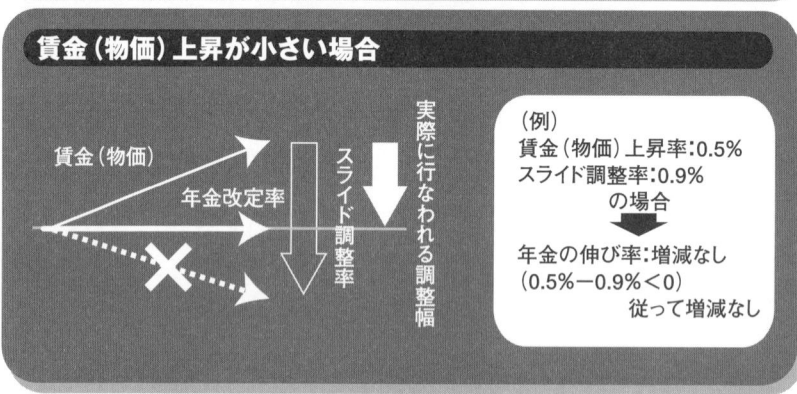

賃金（物価）
年金改定率
スライド調整率
実際に行なわれる調整幅

（例）
賃金（物価）上昇率：0.5%
スライド調整率：0.9%
の場合
⬇
年金の伸び率：増減なし
（0.5％－0.9％＜0）
従って増減なし

賃金（物価）が下落した場合

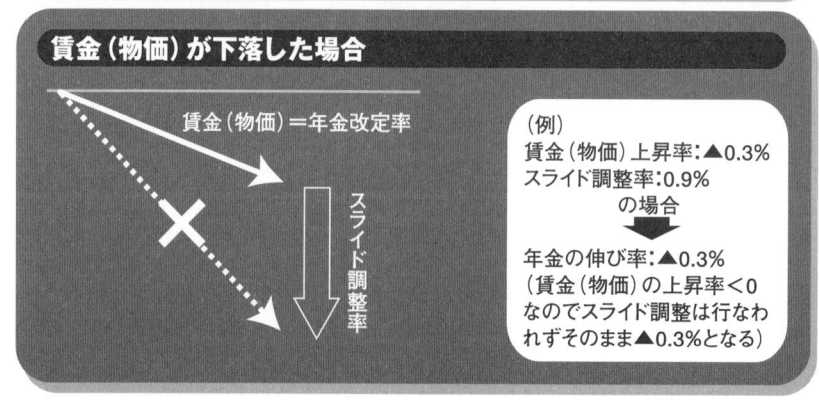

賃金（物価）＝年金改定率
スライド調整率

（例）
賃金（物価）上昇率：▲0.3%
スライド調整率：0.9%
の場合
⬇
年金の伸び率：▲0.3%
（賃金（物価）の上昇率＜0
なのでスライド調整は行なわ
れずそのまま▲0.3％となる）

厚生労働省「平成16年年金制度改正について」に基づいて著者作成。

賃金が上昇した場合、その超過部分については支給額を増やすというように計算されています)。

そもそもこの制度が導入された趣旨は、(実質的な)年金支給額の削減です。今後の年金財政しだいでは、この調整率の算出方法そのものが変更されることを覚悟しておいたほうがよいのではないでしょうか。すなわち、物価がどれほど上がろうと、もう年金額は追随して上がらないと。ただし、いまの年金制度が今後も続くと楽観的に考えた場合ですが……。

【所得控除】

税制改正がリタイア層にあたえる影響ついても注意が必要です。2004年度まではリタイア層に対しては厚い「公的年金等控除」や「老年者控除」などの所得控除が認められており、年金に対する税金は実質的にはほぼゼロでした。これが2006年度から下記表2-⑥(出所：日本経済新聞2004年11月掲載の記事より)のように、年間の収入が250万円程度の世帯でも、年間5万円以上の負担増とな

65歳以上の元会社員の場合は…(表2-⑥)

夫の年金収入(万円)	2004年			2005年			2006年			2004-2006年の増減額(円)
	所得税(円)	住民税(円)	合計額(円)	所得税(円)	住民税(円)	合計額(円)	所得税(円)	住民税(円)	合計額(円)	
200	0	0	0	0	0	0	0	0	0	0
250	0	0	0	33,000	0	33,000	33,000	22,000	55,000	55,000
300	8,000	0	8,000	70,000	9,000	79,000	70,000	42,000	112,000	104,000
350	36,000	10,000	46,000	104,000	24,000	128,000	104,000	59,000	163,000	117,000
400	64,000	25,000	89,000	132,000	39,000	171,000	132,000	74,000	206,000	117,000
450	9,200	40,000	132,000	163,000	54,000	217,000	163,000	96,000	259,000	127,000
500	123,000	56,000	179,000	194,000	70,000	264,000	194,000	130,000	324,000	145,000

(注)夫、妻ともに65歳以上70歳未満、国民年金保険料の負担はない。公的年金等は毎年同額。夫の収入は公的年金等、妻は老齢基礎年金のみ。社会保険料は財務省試算ベース、住民税は前年の所得をもとに算出し、実際に支払う年で記載した。

ります。

【インフレの影響】

　ここで、第1章の30年前の日本を思い出してみてください。この30年で物価はずいぶん上がりましたね。

　この30年間で消費者物価はおよそ1.8倍になっています。最初の10年（1975年から1984年）は単純平均で年率5.4％、次の10年（1985年から1994年）は同じく1.5％、最後の10年（1995年から2004年）は同じく－0.03％（ただし、2004年は1～3月のみの数値）となっています。

　ここしばらくはデフレが続いていますが、この傾向はたかだかここ10年ほどのものです。次の30年間もこのままの状態が続くとは考えにくいのではないでしょうか。では、これからの30年間、ものの値段はどう推移するのでしょうか？

　政府や日銀が想定しているのは年率で2％程度の「緩やかなインフレ」でしょうか。一方で、一部の評論家やマスコミからは日本の財政破綻から数年のうちにハイパーインフレを招く、という"一種の煽り"も聞こえてきます。私自身はこれらの「ハイパーインフレ、預金封鎖論」もまったく荒唐無稽な物語として頭から否定するつもりはありませんが、もしハイパーインフレから預金封鎖に至るような事態になるのであれば、いまあわてて何かをやっても無駄だと腹をくくっています。

　カオス（混沌）は秩序の対極にある言葉です。いまの秩序のなかで生きている私たちが、はたしてカオスに備え、あわてて海外に預金を移したり、土地を買い込んだとしても、はたしてそれが本当の

"対策"になるのでしょうか？ それこそ"煽り"の主の思うつぼということでしょうか。カオスはさまざまな変数の組み合わせによって突発的に引き起こされ、私たちがまったく想定もしなかったような結果をもたらします。たとえばよく言われるように、「北京で蝶がはばたくとニューヨークで嵐が起こる」というように。

　たとえ、自分自身で万全の対策を打ったつもりでいても、それはカオスという大きな力の前で、どれだけの対策になるか甚だ疑問です。また、それらの対策を行なった場合のコストも十分に計算に入れたうえで、その対策を実行に移すかどうかを冷静に考えなければなりません。「カオス理論」は本来、予測不可能と考えられていたことに対し予測可能性の扉を開ける理論ですが、まだまだ実際の経済活動に適用できるレベルには到達していないようですね。

　この経済的なカオスへの最良の対処法は、目の前に次から次に起こり続ける嵐のなかで、どうやって自分の資産を守りきるかを考える思考力と柔軟性を養うことに尽きる、私はこのように思っています。要するに、起こりうるカオスを夢想するのではなく、何が起こっても自分の資産や生活を臨機応変に守りきる知識と思考力を身につけることが最大の対策になるとは言えないでしょうか。

　これについては最終章に譲り、ここでは、これからの30年間は最も可能性の高いシナリオとして、まずは「緩やかなインフレ」を想定したうえで、「キャッシュフロー表」を作成しなければならない、ということを確認させていただくにとどめます。

5 不確定要素を織り込んだ「キャッシュフロー表」を作成してみる

　それでは、前項④でご説明したような不確定な「変動要因」を織り込んだ場合、「キャッシュフロー表」はどのように変化するのでしょうか。「キャッシュフロー表」の変化はすなわち皆さんの生活の変化です。したがって、いまから行なうシミュレーションは皆さんの"今後の生活の変化"そのものだと考えてください。

　では、手順についてまずご説明しましょう。いまから行なうのは、
- 「消費税切り上げ」
- 平成16年度の年金改正による「改正後の年金制度の織り込み」
- 「所得控除に関する改正点の織り込み」
- 「インフレの考慮」

の4点です（いずれも、家計にとってプラスに作用することだけはないようですが）。

　シミュレーションに際しては極力、標準的な家庭で行ないたいと考え、表2-①で使用した条件をベースに考えてみたいと思います。また、上記の「変動要因」をすべて一回のシミュレーションで行なうとあまりにも激しく動きすぎ、各部分の影響度合いの分析がやりずらくなりますので、今回はまず、

シミュレーション1：表2-①をベースにして、「消費税」、「税制改正」の2つのパラメーターを変化させる。

シミュレーション2：シミュレーション1の結果に、さらに「インフレ」「年金改正」、の影響を加味する。

──という手順で進めてみたいと思います。
　なお、シミュレーション1のパラメーター変更点は次のとおりです。
●消費税率の上昇──2006年までは消費税率5％が継続、2007年から2010年までは7％、2011年から2014年までは10％、2015年以降は15％で固定としました。
●「所得控除」の削減の影響──2006年度より手取り年収を55,000円減少すると仮定しました。

　では、さっそくシミュレーション１の結果をご覧にいれましょう。このシミュレーションの一家を引き続きAさん一家としましょう。
　ご覧のようにAさん一家の資産残高はもともとの状態（表2-①＝36〜37ページ）に比べ、やや心もとなくなっていますね。たとえば、Aさんが80歳時点の資産残高はシミュレーション前の状態では1,215万円ありました。いまから34年後の2039年時点をみてもまだ900万円弱あります。奥様が87歳時点で資産残高が900万円あれば一応は安心ですよね。
　これに対し表2-⑦、シミュレーション１の結果を見てください（次ページ）。Aさんが80歳時点の資産残高は597万円、同じく奥様が87歳になる2039年時点にはほぼ資産が底を尽きる計算です。
　以前ご説明しましたが、一般的には死亡時には「葬儀代」や「墓石代」など数百万円は残したいものです。だとすれば非常に心もとない結果と言わざるをえません。
　いかがでしょうか。一見何の不安がないように見えたAさんの「キャッシュフロー表」も、上記のように現段階では顕在化してい

キャッシュフロー表　シミュレーション1（表2-⑦）

		現在	1年後	2年後	3年後	4年後	5年後	6年後	7年後
	西暦	2005	2006	2007	2008	2009	2010	2011	2012
	平成	17	18	19	20	21	22	23	24
年齢	Aさん	55	56	57	58	59	60	61	62
	Aさんの妻	53	54	55	56	57	58	59	60
	子供1	25	26	27	28	29	30	31	32
	子供2	23	24	25	26	27	28	29	30
支出	基本生活費	262	262	267	267	267	267	254	254
	住宅管理費等	24	24	24	24	24	24	25	25
	保険関連費	50	50	50	50	50	50	20	20
	住宅ローン等	138	138	138	0	0	0	0	0
	固定資産税・その他	12	12	12	12	12	12	12	12
	レジャー関連費	50	50	51	51	51	255	52	52
	子供のための支出	0	0	0	0	0	204	0	210
	住宅関連費	0	0	0	0	0	0	262	0
	その他支出	30	30	31	31	31	31	21	21
	支出計	566	566	573	435	435	843	646	594
収入	主な収入	686	686	686	686	686	686	0	0
	その他の継続的収入	0	0	0	0	0	0	0	0
	一時的収入	0	0	0	0	0	1,800	0	0
	年金収入	0	0	0	0	0	0	120	120
	収入計	686	686	686	686	686	2,486	120	120
年間収支		120	120	113	251	251	1,643	-526	-474
資産残高		1,000	1,120	1,233	1,484	1,735	3,378	2,852	2,378

		19年後	20年後	21年後	22年後	23年後	24年後	25年後	26年後
	西暦	2024	2025	2026	2027	2028	2029	2030	2031
	平成	36	37	38	39	40	41	42	43
年齢	Aさん	74	75	76	77	78	79	80	81
	Aさんの妻	72	73	74	75	76	77	78	79
	子供1	44	45	46	47	48	49	50	51
	子供2	42	43	44	45	46	47	48	49
支出	基本生活費	219	219	219	219	219	219	219	219
	住宅管理費等	26	26	26	26	26	26	26	26
	保険関連費	20	20	20	20	20	20	20	20
	住宅ローン等	0	0	0	0	0	0	0	0
	固定資産税・その他	12	12	12	12	12	12	12	12
	レジャー関連費	33	33	33	33	33	33	33	33
	子供のための支出	0	0	0	0	0	0	0	0
	住宅関連費	0	0	0	0	0	0	181	0
	その他支出	11	11	11	11	11	11	11	11
	支出計	321	321	321	321	321	321	502	321
収入	主な収入	0	0	0	0	0	0	0	0
	その他の継続的収入	0	0	0	0	0	0	0	0
	一時的収入	0	0	0	0	0	0	0	0
	年金収入	254	254	254	254	254	254	254	254
	収入計	254	254	254	254	254	254	254	254
年間収支		-67	-67	-67	-67	-67	-67	-248	-67
資産残高		1,180	1,113	1,046	979	912	845	597	530

表2-①からの変更ポイント
・消費税率の変更（2005年～2006年：5％、2007年～2010年：7％、2011年～2014年：10％、2015年～：15％）
（生命保険料など非課税項目については影響を受けず）

第2章　長生き対策としての資産運用、資産防衛の必要性

（金額の単位：万円）

8年後	9年後	10年後	11年後	12年後	13年後	14年後	15年後	16年後	17年後	18年後
2013	2014	2015	2016	2017	2018	2019	2020	2021	2022	2023
25	26	27	28	29	30	31	32	33	34	35
63	64	65	66	67	68	69	70	71	72	73
61	62	63	64	65	66	67	68	69	70	71
33	34	35	36	37	38	39	40	41	42	43
31	32	33	34	35	36	37	38	39	40	41
254	254	219	219	219	219	219	219	219	219	219
25	25	26	26	26	26	26	26	26	26	26
20	20	20	20	20	20	20	20	20	20	20
0	0	0	0	0	0	0	0	0	0	0
12	12	12	12	12	12	12	12	12	12	12
52	52	33	33	33	33	33	33	33	33	33
0	0	0	0	0	0	0	0	0	0	0
0	0	0	0	0	0	0	0	0	0	0
21	21	11	11	11	11	11	11	11	11	11
384	384	321	321	321	321	321	321	321	321	321
0	0	0	0	0	0	0	0	0	0	0
0	0	0	0	0	0	0	0	0	0	0
0	0	0	0	0	0	0	0	0	0	0
120	120	254	254	254	254	254	254	254	254	254
120	120	254	254	254	254	254	254	254	254	254
-264	-264	-67	-67	-67	-67	-67	-67	-67	-67	-67
2,114	1,850	1,783	1,716	1,649	1,582	1,515	1,448	1,381	1,314	1,247

27年後	28年後	29年後	30年後	31年後	32年後	33年後	34年後	35年後	36年後	37年後
2032	2033	2034	2035	2036	2037	2038	2039	2040	2041	2042
44	45	46	47	48	49	50	51	52	53	54
82	83	84	85	86	87	88	89	90	91	92
80	81	82	83	84	85	86	87	88	89	90
52	53	54	55	56	57	58	59	60	61	62
50	51	52	53	54	55	56	57	58	59	60
219	219	219	219	219	219	219	219	219	219	219
26	26	26	26	26	26	26	26	26	26	26
20	20	20	20	20	20	20	20	20	20	20
0	0	0	0	0	0	0	0	0	0	0
12	12	12	12	12	12	12	12	12	12	12
33	33	33	33	33	33	33	33	33	33	33
0	0	0	0	0	0	0	0	0	0	0
0	0	0	0	0	0	0	0	0	0	0
11	11	11	11	11	11	11	11	11	11	11
321	321	321	321	321	321	321	321	321	321	321
0	0	0	0	0	0	0	0	0	0	0
0	0	0	0	0	0	0	0	0	0	0
0	0	0	0	0	0	0	0	0	0	0
254	254	254	254	254	254	254	254	254	254	254
254	254	254	254	254	254	254	254	254	254	254
-67	-67	-67	-67	-67	-67	-67	-67	-67	-67	-67
463	396	329	262	195	128	61	-6	-73	-140	-207

・「公的年金等控除」（2015年より手取り収入が年間5.5万円減少）

ない「変動要因」を考慮すると、大変きびしい結果になってしまいました。

　さらに申し上げると、冒頭お話しましたように近年の医学の進歩は日本人の平均寿命をさらに伸ばし続けています。日本人の死亡原因のトップにあげられるガンの征圧も間近に迫ってきているとききます。これからの私たちがリタイア後の生活設計をする場合、女性90歳程度（Aさん一家の場合は2042年程度まで）を想定する必要があるのではないでしょうか。

　引き続きシミュレーション2に進んでいきましょう。
　シミュレーション2は、シミュレーション1に物価上昇と16年度の年金改正の影響を加味して計算していきます。この際、物価上昇率を年率何％と見るかでまったく得られる結果は変わってきます。インフレ率の想定は非常にむずかしいのですが、ここでは年率2％（注）としてシミュレーションを行なってみたいと思います。

（注）神戸大学の宮尾教授によると、インフレ目標政策をとっている20カ国の目標インフレ率はおおむね2％前後だとのことです。また、今後、ブラジル・ロシア・インド・中国といった人口大国が先進国の仲間入りをしてくる可能性があります。その場合、一次産品を中心とした商品に対する需要が高まり、長期のインフレ傾向に入ることが予想されます。現に代表的な一次産品の指数であるCRB指数は1999年から上昇トレンドに入っています。
　　また、政府の経済財政諮問会議が2005年1月に発表した「改革と展望　2004年度改定」においても表2-⑨のように、今後の物価上昇

政府経済財政諮問会議によるインフレ予想値（表2-⑨）

年度	2004	2005	2006	2007	2008	2009	2010	2011	2012
消費者物価上昇率	▲0.2%	0.1%	0.9%	1.4%	2.0%	2.3%	2.5%	2.7%	2.7%

2005年1月21日掲載の日本経済新聞記事より筆者抜粋

を予想しています。

　続いて、平成16年度の年金改正の影響をどう見るかですが、前記「隠された変動要因」でもご説明したように、「マクロ経済スライド」の導入に伴ない、今後年金の支給額は増えないと仮定（現在の計算基準では、年率2％のインフレを想定した場合、年金給付額は年率で1.1％程度増えていくと試算されていますが、ここでは楽観論を捨てシビアに考えました）しています。以上の条件で試算した結果を表2-⑧、シミュレーション2に示しましたのでご覧ください（次ページ）。

　シミュレーション2の前提は下記のとおりです。
●年率2％でインフレが継続する。
●年金受給額は増えないものとする。
　したがって、年率2％で上昇する項目は、
●基本生活費
●住宅管理費等
●固定資産税その他
●レジャー関連費
●子どものための支出
●住宅関連費
●その他支出
●主な収入

キャッシュフロー表　シミュレーション２（表2-⑧）

		現在	1年後	2年後	3年後	4年後	5年後	6年後	7年後
	西暦	2005	2006	2007	2008	2009	2010	2011	2012
	平成	17	18	19	20	21	22	23	24
年齢	Ａ　　　さ　　　ん	55	56	57	58	59	60	61	62
	Ａさんの妻	53	54	55	56	57	58	59	60
	子　供　１	25	26	27	28	29	30	31	32
	子　供　２	23	24	25	26	27	28	29	30
支出	基本生活費	262	267	278	283	289	295	286	292
	住宅管理費等	24	24	25	25	26	26	28	29
	保険関連費	50	50	50	50	50	50	20	20
	住宅ローン等	138	138	138	0	0	0	0	0
	固定資産税・その他	12	12	12	13	13	13	14	14
	レジャー関連費	50	51	53	54	55	282	59	60
	子供のための支出	0	0	0	0	0	225	0	241
	住宅関連費	0	0	0	0	0	0	295	0
	その他支出	30	31	32	33	34	34	24	24
	支出計	566	574	589	459	467	926	725	679
収入	主な収入	686	700	714	728	743	757	0	0
	その他の継続的収入	0	0	0	0	0	0	0	0
	一時的収入	0	0	0	0	0	1,987	0	0
	年金収入	0	0	0	0	0	0	120	120
	収入計	686	700	714	728	743	2,745	120	120
	年間収支	120	126	125	269	276	1,819	-605	-559
	資産残高	1,000	1,126	1,251	1,521	1,797	3,616	3,011	2,451
	想定インフレ率	2	％						
	物価指数推移	1	1.02	1.04	1.06	1.08	1.10	1.13	1.15

		19年後	20年後	21年後	22年後	23年後	24年後	25年後	26年後
	西暦	2024	2025	2026	2027	2028	2029	2030	2031
	平成	36	37	38	39	40	41	42	43
年齢	Ａ　　　さ　　　ん	74	75	76	77	78	79	80	81
	Ａさんの妻	72	73	74	75	76	77	78	79
	子　供　１	44	45	46	47	48	49	50	51
	子　供　２	42	43	44	45	46	47	48	49
支出	基本生活費	319	325	332	339	345	352	359	366
	住宅管理費等	38	39	39	40	41	42	43	44
	保険関連費	20	20	20	20	20	20	20	20
	住宅ローン等	0	0	0	0	0	0	0	0
	固定資産税・その他	17	18	18	19	19	19	20	20
	レジャー関連費	48	49	50	51	52	53	54	55
	子供のための支出	0	0	0	0	0	0	0	0
	住宅関連費	0	0	0	0	0	0	297	0
	その他支出	16	16	17	17	17	18	18	18
	支出計	459	467	476	485	495	504	811	524
収入	主な収入	0	0	0	0	0	0	0	0
	その他の継続的収入	0	0	0	0	0	0	0	0
	一時的収入	0	0	0	0	0	0	0	0
	年金収入	254	254	254	254	254	254	254	254
	収入計	254	254	254	254	254	254	254	254
	年間収支	-205	-213	-222	-231	-241	-250	-557	-270
	資産残高	112	-101	-323	-555	-795	-1,045	-1,602	-1,872
	物価指数推移	1.46	1.49	1.52	1.55	1.58	1.61	1.64	1.67

表2-⑦からの変更ポイント　・右記の項目を除き、年率2％での上昇を加味した（除外項目：保険・個人年金、ローン、年金収入）

第2章　長生き対策としての資産運用、資産防衛の必要性

(金額の単位：万円)

8年後 2013	9年後 2014	10年後 2015	11年後 2016	12年後 2017	13年後 2018	14年後 2019	15年後 2020	16年後 2021	17年後 2022	18年後 2023
25	26	27	28	29	30	31	32	33	34	35
63	64	65	66	67	68	69	70	71	72	73
61	62	63	64	65	66	67	68	69	70	71
33	34	35	36	37	38	39	40	41	42	43
31	32	33	34	35	36	37	38	39	40	41
298	304	267	272	278	283	289	295	301	307	313
29	30	32	32	33	34	34	35	36	36	37
20	20	20	20	20	20	20	20	20	20	20
0	0	0	0	0	0	0	0	0	0	0
14	14	15	15	15	16	16	16	16	17	17
61	62	40	41	42	43	44	44	45	46	47
0	0	0	0	0	0	0	0	0	0	0
0	0	0	0	0	0	0	0	0	0	0
25	25	13	14	14	14	15	15	15	15	16
446	455	387	394	402	409	417	425	433	441	450
0	0	0	0	0	0	0	0	0	0	0
0	0	0	0	0	0	0	0	0	0	0
0	0	0	0	0	0	0	0	0	0	0
120	120	254	254	254	254	254	254	254	254	254
120	120	254	254	254	254	254	254	254	254	254
-326	-335	-133	-140	-148	-155	-163	-171	-179	-187	-196
2,125	1,790	1,657	1,517	1,369	1,214	1,050	879	700	513	317
1.17	1.20	1.22	1.24	1.27	1.29	1.32	1.35	1.37	1.40	1.43

27年後 2032	28年後 2033	29年後 2034	30年後 2035	31年後 2036	32年後 2037	33年後 2038	34年後 2039	35年後 2040	36年後 2041	37年後 2042
44	45	46	47	48	49	50	51	52	53	54
82	83	84	85	86	87	88	89	90	91	92
80	81	82	83	84	85	86	87	88	89	90
52	53	54	55	56	57	58	59	60	61	62
50	51	52	53	54	55	56	57	58	59	60
374	381	389	397	405	413	421	429	438	447	456
44	45	46	47	48	49	50	51	52	53	54
20	20	20	20	20	20	20	20	20	20	20
0	0	0	0	0	0	0	0	0	0	0
20	21	21	22	22	23	23	24	24	24	25
56	57	59	60	61	62	63	65	66	67	69
0	0	0	0	0	0	0	0	0	0	0
0	0	0	0	0	0	0	0	0	0	0
19	19	20	20	20	21	21	22	22	22	23
534	544	555	565	576	587	599	610	622	634	646
0	0	0	0	0	0	0	0	0	0	0
0	0	0	0	0	0	0	0	0	0	0
0	0	0	0	0	0	0	0	0	0	0
254	254	254	254	254	254	254	254	254	254	254
254	254	254	254	254	254	254	254	254	254	254
-280	-290	-301	-311	-322	-333	-345	-356	-368	-380	-392
-2,152	-2,442	-2,742	-3,053	-3,375	-3,709	-4,053	-4,409	-4,777	-5,157	-5,550
1.71	1.74	1.78	1.81	1.85	1.88	1.92	1.96	2.00	2.04	2.08

今後増えない項目は、
●保険関連費
●住宅ローン等（固定金利で借入れている考え）
●年金収入
となります。

　いかがでしょうか。30年後の2035年にはなんと、資産残高は－3,053万円とちょっと信じられない結果になりました。2038年には残高が－4,000万円を超え、奥様が90歳を迎える2042年には借金が5,000万円をはるかに超えてしまう計算です。これでは、奥様も心配であの世に行けそうにないですね。大変ショッキングな結果だと思います。

　では、シミュレーション2の結果を詳細に分析してみましょう。
　まず収入ですが、2010年までは、給与収入があるので物価変動にしたがって「主な収入」が増えていきますが、2011年以降は年金収入のみになるため、前記の理由で収入の上昇は望めません。2015年に年金の手取り収入は254万円となりますが、それ以降は254万円で固定されてしまうのです（ここの年金受給額は話を簡単にするため、無職の夫婦世帯の平均値を使用しています。実際の受給額は奥様とご主人の年齢の組み合わせにより多少変動します）。
　これに対し、支出はといいますと年率2％の複利で増えて続けていくことになります。たとえば2020年時点の支出額の総額はシミュレーション1では321万円ですが、シュミレーション2では425万円となり、生きるためのコストは年間100万円以上もアップしていることになります。このコストアップは先に行くほど大きくなり

ます（これが複利計算の怖さです）。たとえば2031年にはシミュレーション1では321万円、これに対しシミュレーション2では524万円と203万円のアップとなってしまいます。毎年毎年のインフレによるコストアップの積み上がりが結果として上記のような"借金5,000万円"というとんでもない事態を招いているわけです。

　ここで複利の効果についてご説明しておきましょう。まず物価上昇というものは複利で効いてくることをご理解ください。たとえば、物価の上昇率を年率2%、2005年時点の物価を100として考えた場合、2006年の物価は102ですね。以降104、106、108、110、113、……といった具合に増えていきます。

　グラフ2-⑩をご覧ください（次ページ）。このグラフは初年度を100とした場合、それぞれ年率2%、3%で複利計算した場合の生活費の増え方を示しています。右側に行くにしたがって増え方が急になっていますが、増え方の度合いは2%の場合より3%のほうが格段に大きいことがおわかりいただけたかと思います。

　たとえば、年間の物価上昇率が2%とした場合、初年度100であったものは30年後には181となります。これに対し、年間の物価上昇率を3%とした場合、同じく30年後には242にも達してしまいます。わずか年率で1%の違いが30年後に大きな開きとなって現れてしまうわけです。

　これが"複利の怖さ"です。負債や支出が複利で増えていくとこのように恐ろしい結果になります。これに対し、資産を複利で運用すると上記のグラフ2-⑩と同じカーブで資産残高を増やすことができます。読者の皆さんには複利を敵に回すのではなく、ぜひ味方に

複利カーブグラフ（グラフ2-⑩）

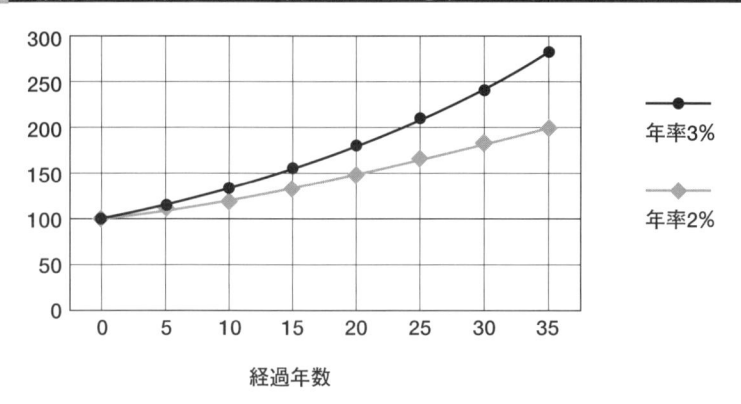

経過年数

つけるよう考えていただければと思います。

　上記でみたシミュレーション2は典型的な"逆複利効果（筆者が勝手に名づけました）"といえます。複利を敵に回すとこのように恐ろしい結果になるという典型例だといえるでしょう。

　本書はいたずらに、リタイア層に対し不安を与えることを目的としたものではありません。本書の目的はあくまでリタイア層に対し、今後の生活設計をお金の面から裏付けることの必要性を訴え、さらにお金の適切な運用に際し、皆さんに今後どういう金融スキルを身につけていただきたいか、ヒントを与えるためのものです。そのためには、お一人お一人が現状をしっかりと見すえることから始めなければなりません。そういう観点で上記のようなシミュレーションを行なってきたわけです。

　ここまでで、現状認識は十分にしていただいたと思います。次は、対策に話を移していきましょう。

ちなみに、下記グラフ2-⑪で、シミュレーション1、シミュレーション2の資産残高の推移の比較をしてみました。シミュレーション2はシミュレーション1の結果に対し、主に年率2％のインフレを見込んだものです。こうやって比べると、インフレの恐ろしさに改めて気づかされます。

資産残高推移の比較（グラフ2-⑪）

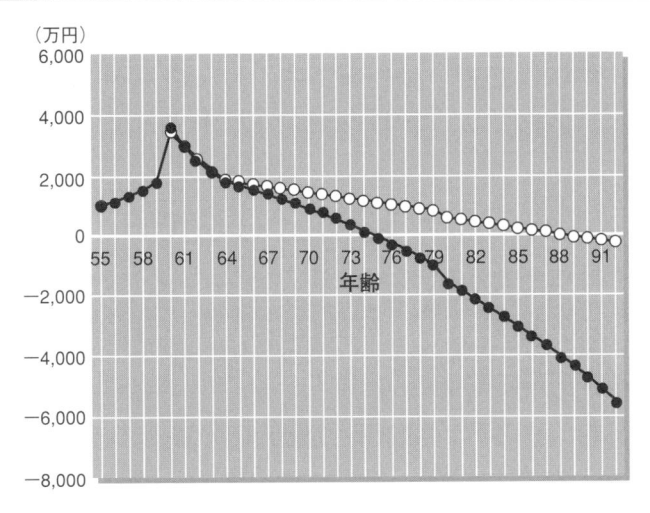

（万円）

横軸：年齢（55〜91）
縦軸：-8,000〜6,000

―○― 資産残高シミュレーション1
―●― 資産残高シミュレーション2

⑥ 率2％のインフレに勝つためには、年率何％で資産運用すればよいか？

　前項⑤で明らかになったように、「消費税」「年金改正」「税制」など今後想定される変動要因はたくさんありますが、最も大きな変動要因は間違いなく「インフレ」です。インフレの怖さは、いいかえれば前記のような"逆複利効果"です。であれば"複利"を味方につけられれば、インフレに勝つこともそうむずかしいことではありません。

　では、どうすれば"複利"を味方につけることができるでしょうか？　ひとつは年金以外の定常的な収入を確保すること、簡単にいうと勤め続けることです。

　団塊の世代が一斉に定年を迎えること、また、ニートという言葉に代表される若年層の不就労問題、労働人口の減少など人手不足を暗示する現象にはこと欠きません。これからは日本の会社は恒常的に"人手不足"状態になるのではないでしょうか。ただし、企業としては総合的な人件費は中国など新興国への対抗上さらに圧縮せざるを得ない状況は続くことでしょう。であれば、選択肢としては外国人労働者の活用か、定年退職者の再雇用あるいは定年制の廃止といった安価な労働力を確保するというところに落ち着かざるをえないでしょう。

　たとえば60歳から64歳までの5年間、年収360万円で働いた場合、先ほどの複利効果（多少ともインフレに追随した昇給の可能性

があるという意味での）も手伝い、あなたの「キャッシュフロー」は劇的に改善することでしょう。

　複利の効果を考慮せずとも、この4年間で1,400万円程度のキャッシュフロー改善効果が見込めます。

　ただし、定年後の自由な時間を唯一の楽しみに会社勤めをしてこられた向きにとっては、受け入れがたい選択肢かもしれませんね。そもそも生活設計とはまず自分自身の意思ありきです。再就職もしくは継続就労したくない人はもうひとつの選択肢を採るしかないでしょう。では、そのもうひとつの複利を味方につけるための選択肢とは何でしょうか。それは資産運用にほかなりません。場合によっては継続就労と資産運用を組み合わせる、という選択肢もありますが……。

　では、皆さんが資産運用によるキャッシュフロー改善に取り組まれるとして、はたして何％の運用利回りを目指していけばいいのでしょうか。これについて、おそらくいままで本格的に取り組んだ事

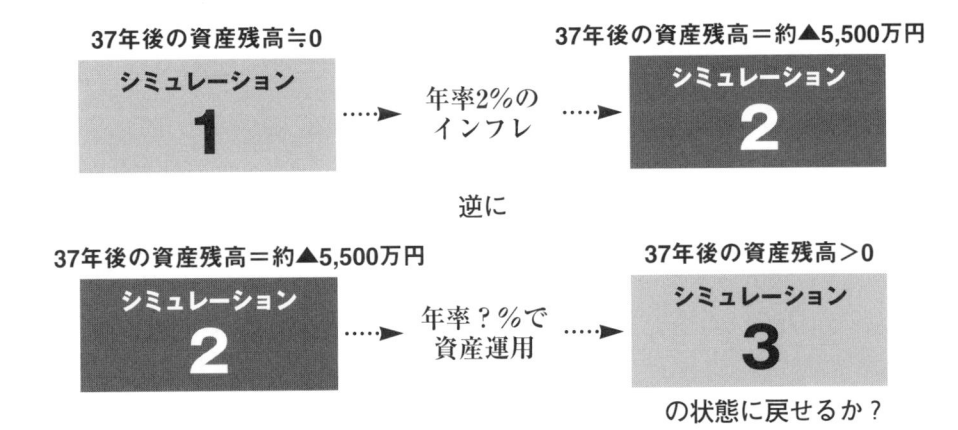

37年後の資産残高≒0		37年後の資産残高＝約▲5,500万円
シミュレーション 1	……▶ 年率2%のインフレ ……▶	シミュレーション 2

逆に

37年後の資産残高＝約▲5,500万円		37年後の資産残高＞0
シミュレーション 2	……▶ 年率？％で資産運用 ……▶	シミュレーション 3

の状態に戻せるか？

キャッシュフロー表　シミュレーション3（表2-⑫）

		現在	1年後	2年後	3年後	4年後	5年後	6年後	7年後
	西暦	2005	2006	2007	2008	2009	2010	2011	2012
	平成	17	18	19	20	21	22	23	24
年齢	A　　さ　　ん	55	56	57	58	59	60	61	62
	A さ ん の 妻	53	54	55	56	57	58	59	60
	子　供　　1	25	26	27	28	29	30	31	32
	子　供　　2	23	24	25	26	27	28	29	30
支出	基 本 生 活 費	262	267	278	283	289	295	286	292
	住 宅 管 理 費 等	24	24	25	25	26	26	28	29
	保 険 関 連 費	50	50	50	50	50	50	20	20
	住 宅 ロ ー ン 等	138	138	138	0	0	0	0	0
	固定資産税・その他	12	12	12	13	13	13	14	14
	レ ジ ャ ー 関 連 費	50	51	53	54	55	282	59	60
	子供のための支出	0	0	0	0	0	225	0	241
	住 宅 関 連 費	0	0	0	0	0	0	295	0
	そ の 他 支 出	30	31	32	33	34	34	24	24
	支 出 計	566	574	589	459	467	926	725	679
収入	主 な 収 入	686	700	714	728	743	757	0	0
	その他の継続的収入	0	0	0	0	0	0	0	0
	一 時 的 収 入	0	0	0	0	0	1,987	0	0
	年 金 収 入	0	0	0	0	0	0	120	120
	収 入 計	686	700	714	728	743	2,745	120	120
年 間 収 支		120	126	125	269	276	1,819	-605	-559
資 産 残 高		1,000	1,185	1,380	1,731	2,109	4,053	3,687	3,345
想定インフレ率	2 %								
物価指数推移	1	1.02	1.04	1.06	1.08	1.10	1.13	1.15	
資産運用利回り	5.9 %								

		19年後	20年後	21年後	22年後	23年後	24年後	25年後	26年後
	西暦	2024	2025	2026	2027	2028	2029	2030	2031
	平成	36	37	38	39	40	41	42	43
年齢	A　　さ　　ん	74	75	76	77	78	79	80	81
	A さ ん の 妻	72	73	74	75	76	77	78	79
	子　供　　1	44	45	46	47	48	49	50	51
	子　供　　2	42	43	44	45	46	47	48	49
支出	基 本 生 活 費	319	325	332	339	345	352	359	366
	住 宅 管 理 費 等	38	39	39	40	41	42	43	44
	保 険 関 連 費	20	20	20	20	20	20	20	20
	住 宅 ロ ー ン 等	0	0	0	0	0	0	0	0
	固定資産税・その他	17	18	18	19	19	19	20	20
	レ ジ ャ ー 関 連 費	48	49	50	51	52	53	54	55
	子供のための支出	0	0	0	0	0	0	0	0
	住 宅 関 連 費	0	0	0	0	0	0	297	0
	そ の 他 支 出	16	16	17	17	17	18	18	18
	支 出 計	459	467	476	486	495	504	811	524
収入	主 な 収 入	0	0	0	0	0	0	0	0
	その他の継続的収入	0	0	0	0	0	0	0	0
	一 時 的 収 入	0	0	0	0	0	0	0	0
	年 金 収 入	254	254	254	254	254	254	254	254
	収 入 計	254	254	254	254	254	254	254	254
年 間 収 支		-205	-213	-222	-231	-241	-250	-557	-270
資 産 残 高		3,295	3,277	3,248	3,208	3,157	3,093	2,718	2,609
物価指数推移		1.46	1.49	1.52	1.55	1.58	1.61	1.64	1.67

第2章 長生き対策としての資産運用、資産防衛の必要性

（金額の単位：万円）

8年後	9年後	10年後	11年後	12年後	13年後	14年後	15年後	16年後	17年後	18年後
2013	2014	2015	2016	2017	2018	2019	2020	2021	2022	2023
25	26	27	28	29	30	31	32	33	34	35
63	64	65	66	67	68	69	70	71	72	73
61	62	63	64	65	66	67	68	69	70	71
33	34	35	36	37	38	39	40	41	42	43
31	32	33	34	35	36	37	38	39	40	41
298	304	267	272	278	283	289	295	301	307	313
29	30	32	32	33	34	34	35	36	36	37
20	20	20	20	20	20	20	20	20	20	20
0	0	0	0	0	0	0	0	0	0	0
14	14	15	15	15	16	16	16	16	17	17
61	62	40	41	42	43	44	44	45	46	47
0	0	0	0	0	0	0	0	0	0	0
0	0	0	0	0	0	0	0	0	0	0
25	25	13	14	14	14	15	15	15	15	16
446	455	387	394	402	409	417	425	433	441	450
0	0	0	0	0	0	0	0	0	0	0
0	0	0	0	0	0	0	0	0	0	0
0	0	0	0	0	0	0	0	0	0	0
120	120	254	254	254	254	254	254	254	254	254
120	120	254	254	254	254	254	254	254	254	254
-326	-335	-133	-140	-148	-155	-163	-171	-179	-187	-196
3,216	3,071	3,119	3,163	3,201	3,235	3,263	3,284	3,299	3,306	3,305
1.17	1.20	1.22	1.24	1.27	1.29	1.32	1.35	1.37	1.40	1.43

27年後	28年後	29年後	30年後	31年後	32年後	33年後	34年後	35年後	36年後	37年後
2032	2033	2034	2035	2036	2037	2038	2039	2040	2041	2042
44	45	46	47	48	49	50	51	52	53	54
82	83	84	85	86	87	88	89	90	91	92
80	81	82	83	84	85	86	87	88	89	90
52	53	54	55	56	57	58	59	60	61	62
50	51	52	53	54	55	56	57	58	59	60
374	381	389	397	405	413	421	429	438	447	456
44	45	46	47	48	49	50	51	52	53	54
20	20	20	20	20	20	20	20	20	20	20
0	0	0	0	0	0	0	0	0	0	0
20	21	21	22	22	23	23	24	24	25	25
56	57	59	60	61	62	63	65	66	67	69
0	0	0	0	0	0	0	0	0	0	0
0	0	0	0	0	0	0	0	0	0	0
19	19	20	20	20	21	21	22	22	22	23
534	544	555	565	576	587	599	610	622	634	646
0	0	0	0	0	0	0	0	0	0	0
0	0	0	0	0	0	0	0	0	0	0
0	0	0	0	0	0	0	0	0	0	0
254	254	254	254	254	254	254	254	254	254	254
254	254	254	254	254	254	254	254	254	254	254
-280	-290	-301	-311	-322	-333	-345	-356	-368	-380	-392
2,483	2,340	2,177	1,994	1,790	1,562	1,310	1,031	724	386	17
1.71	1.74	1.78	1.81	1.85	1.88	1.92	1.96	2.00	2.04	2.08

例はなかったのではないでしょうか。本書では先ほどあげた、シミュレーション2にさらに資産運用という要素を加え、皆さんにその結果をお見せしたいと思います。

　ではさっそく、上記のシミュレーションで登場いただいたAさん一家に再度登場していただきましょう。Aさん一家はシミュレーション1で表2-⑦のキャッシュフロー表を作りましたね。続くシミュレーション2でインフレ率を年率で2.0%と織り込み、大幅な赤字状態になってしまいました。ここではインフレ率2.0%を克服するために年率何%で資産運用すればよいのかを見ていきたいと思います。

　皆さんはどう思われますか。この場合、インフレ率と同じ2%で運用していけばインフレに勝てると思われますか？
　では表2-⑫、シミュレーション3をご覧ください（76～77ページ）。このシミュレーションが示すとおり、この場合、何と年率5.9%の複利運用が要求されることになります。
　このメカニズムは非常に重要です。多少細かくなりますが、このメカニズムを解明するために、できる限り簡略化したモデルを用いて、さらに詳しく、インフレと資産運用の関係に絞って解明していきたいと思います。

7 インフレ率と資産運用利回りの関係

　ではここからは、インフレ率と資産運用利回りの関係のみに焦点を絞るため、新たに下記のような簡略化したモデル（仮にBさん一家としておきましょうか）で考えてみましょう。
- 2005年から30年間の期間設定
- Bさんの年齢は60歳で2005年末の資産残高は2,000万円
- Bさん一家の年収は280万円（注1）、支出は350万円（注2）
- インフレ率をここではゼロ％と考える
- 資産運用は行なわない

　注1：厚生労働省のモデル世帯の年金収入の近似値として設定しました。
　注2：生命保険文化センターの調査（平成13年度）によると、最低必要な日常生活費は年間282万円、ゆとりある生活を送るためには年間448万円は必要という結果となりました。上記350万円はこのほぼ中間の数字となっています。

　以下は上記の条件で、各年末の資産残高および各年の収支を表したものです。

シミュレーション4

シミュレーション4（表2-⑬）　　　　　　　（単位：万円）

■インフレ率　0％　　■資産運用　行なわない

年度	収入	支出	収支	年末の資産残高	年度	収入	支出	収支	年末の資産残高
2005	280	350	-70	2,000	2020	280	350	-70	950
2006	280	350	-70	1,930	2021	280	350	-70	880
2007	280	350	-70	1,860	2022	280	350	-70	810
2008	280	350	-70	1,790	2023	280	350	-70	740
2009	280	350	-70	1,720	2024	280	350	-70	670
2010	280	350	-70	1,650	2025	280	350	-70	600
2011	280	350	-70	1,580	2026	280	350	-70	530
2012	280	350	-70	1,510	2027	280	350	-70	460
2013	280	350	-70	1,440	2028	280	350	-70	390
2014	280	350	-70	1,370	2029	280	350	-70	320
2015	280	350	-70	1,300	2030	280	350	-70	250
2016	280	350	-70	1,230	2031	280	350	-70	180
2017	280	350	-70	1,160	2032	280	350	-70	110
2018	280	350	-70	1,090	2033	280	350	-70	40
2019	280	350	-70	1,020	2034	280	350	-70	-30

　このケースでは、Bさんは2034年（89歳時点）ではじめて資産残高がマイナスになります。

　では、上記のモデルの条件を一部変更してみましょう。

条件の変更ポイント

●2005年を起点に年率2％の物価上昇が2034年まで続く、便宜上、支出は年率2％で増え続けるものとする

●Bさんの収入は全額公的年金のみ、したがって物価が上昇しても収入は増えないとものとする

　以上の条件に変更し、再度シミュレーションを行なってみましょう。

シミュレーション5

シミュレーション5（表2-⑭） (単位：万円)

■インフレ率　2%　　■資産運用　行なわない

年度	収入	支出	収支	年末の資産残高	年度	収入	支出	収支	年末の資産残高
2005	280	350	-70	2,000	2020	280	471	-191	26
2006	280	357	-77	1,923	2021	280	480	-200	-174
2007	280	364	-84	1,839	2022	280	490	-210	-384
2008	280	371	-91	1,747	2023	280	500	-220	-604
2009	280	379	-99	1,649	2024	280	510	-230	-834
2010	280	386	-106	1,542	2025	280	520	-240	-1,074
2011	280	394	-114	1,428	2026	280	530	-250	-1,325
2012	280	402	-122	1,306	2027	280	541	-261	-1,586
2013	280	410	-130	1,176	2028	280	552	-272	-1,858
2014	280	418	-138	1,038	2029	280	563	-283	-2,141
2015	280	427	-147	891	2030	280	574	-294	-2,435
2016	280	435	-155	736	2031	280	586	-306	-2,741
2017	280	444	-164	572	2032	280	597	-317	-3,058
2018	280	453	-173	399	2033	280	609	-329	-3,387
2019	280	462	-182	217	2034	280	622	-342	-3,729

年末の資産残高（グラフ2-⑭/2）

この状況はシミュレーション2で見たとおりです。左のグラフ（グラフ2-⑭/2）とあわせてご覧いただくと、支出が"逆複利効果"で加速度的にふくらみ、資産残高を急速に圧迫している様子がよく

わかりますね。

　こうやってあらためて見てみると、特にリタイア層にとっては、インフレは本当に大敵です。現役世代であれば、インフレに伴って（多少は）収入も増え、ある程度はインフレによる支出増加を相殺できるのですが、今後の年金受給額はインフレに追随しない可能性はきわめて高いですね。まさに シミュレーション5 で行なったようなキャッシュフローの推移は、世帯により多少バラツキはあるものの十分に想定しておく必要があるのではないでしょうか。

　さて、続いてのシミュレーションからは資産運用を想定していきます。このモデルでインフレ率と同じ年率2％（複利）で資産を運用した場合、資産残高がどう推移するかを確認しておきましょう。

シミュレーション6

シミュレーション6（表2-⑮）　（単位：万円）

■インフレ率　2%　　■資産運用　2%

年度	収入	支出	収支	年末の資産残高	年度	収入	支出	収支	年末の資産残高
2005	280	350	-70	2,000	2020	280	471	-191	468
2006	280	357	-77	1,963	2021	280	480	-200	277
2007	280	364	-84	1,918	2022	280	490	-210	72
2008	280	371	-91	1,865	2023	280	500	-220	-147
2009	280	379	-99	1,804	2024	280	510	-230	-377
2010	280	386	-106	1,733	2025	280	520	-240	-617
2011	280	394	-114	1,654	2026	280	530	-250	-868
2012	280	402	-122	1,565	2027	280	541	-261	-1,129
2013	280	410	-130	1,466	2028	280	552	-272	-1,401
2014	280	418	-138	1,357	2029	280	563	-283	-1,684
2015	280	427	-147	1,237	2030	280	574	-294	-1,978
2016	280	435	-155	1,107	2031	280	586	-306	-2,284
2017	280	444	-164	965	2032	280	597	-317	-2,601
2018	280	453	-173	812	2033	280	609	-329	-2,931
2019	280	462	-182	646	2034	280	622	-342	-3,272

（2023年以降は資産残高がマイナスになるため、運用を行なわないとして計算しています）

第2章　長生き対策としての資産運用、資産防衛の必要性

　いかがでしょうか。2034年時点の資産残高はマイナス3,272万円です。 シミュレーション5 （資産運用ゼロ）に比べると多少は改善していますが、その効果はわずか450万円程度です。

　これらのシミュレーションはあくまで架空のモデルではありますが、インフレ率を目標に資産運用を行なったのではまったく追いつかないという結果になりました。では、この場合いったい年率何%を目標に資産運用すればインフレに勝つことができるのでしょうか？

　結論を先に申し上げると、このケースでは年率6.7%もの高い収益率が必要になってしまいます。

シミュレーション7

シミュレーション7（表2-⑯）　　　　　　　　　　（単位：万円）

■インフレ率　2%　　■資産運用　6.7%

年度	収入	支出	収支	年末の資産残高	年度	収入	支出	収支	年末の資産残高
2005	280	350	-70	2,000	2020	280	471	-191	2,296
2006	280	357	-77	2,057	2021	280	480	-200	2,250
2007	280	364	-84	2,111	2022	280	490	-210	2,190
2008	280	371	-91	2,161	2023	280	500	-220	2,117
2009	280	379	-99	2,207	2024	280	510	-230	2,029
2010	280	386	-106	2,248	2025	280	520	-240	1,925
2011	280	394	-114	2,284	2026	280	530	-250	1,804
2012	280	402	-122	2,315	2027	280	541	-261	1,663
2013	280	410	-130	2,341	2028	280	552	-272	1,503
2014	280	418	-138	2,359	2029	280	563	-283	1,321
2015	280	427	-147	2,370	2030	280	574	-294	1,115
2016	280	435	-155	2,374	2031	280	586	-306	884
2017	280	444	-164	2,369	2032	280	597	-317	626
2018	280	453	-173	2,355	2033	280	609	-329	338
2019	280	462	-182	2,331	2034	280	622	-342	20

　皆さんはこの結果をご覧になり、どう感じられましたか？　特に

資産残高が2,000万円を切る2025年あたりから資産の減り方が急速に進むのがよくわかります（このころからインフレの"逆複利効果"もあり、支出が加速度をつけて膨らんでいきます）。

あらためてこのようなシミュレーションを行なってみると、私たちの日常生活は、なんとも微妙な、インフレと資産運用のバランス関係の上に成り立っているということがよくわかります。

シミュレーション6と7の比較（表2-⑯/2）

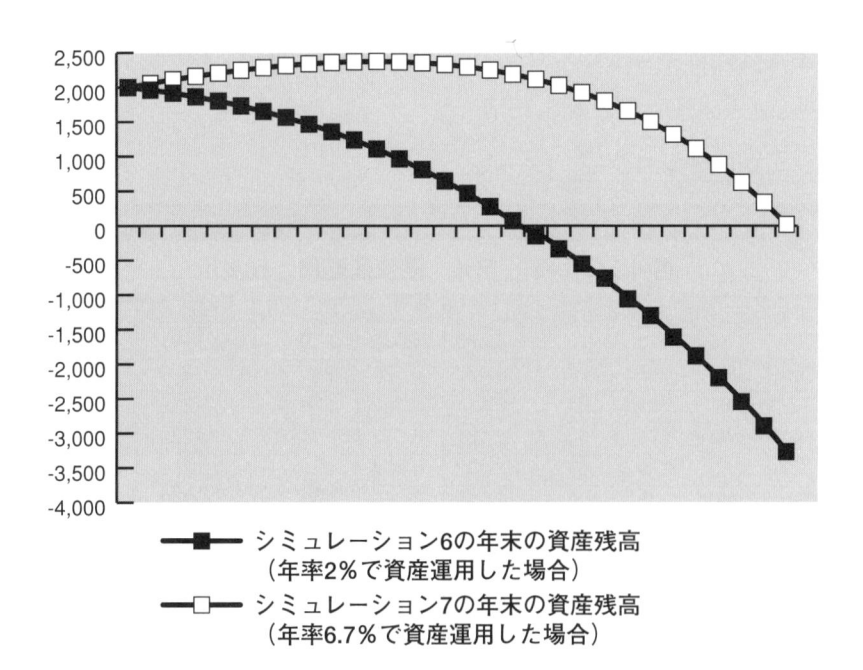

```
         ■─ シミュレーション6の年末の資産残高
             （年率2％で資産運用した場合）
         □─ シミュレーション7の年末の資産残高
             （年率6.7％で資産運用した場合）
```

さらに、いくつかのシミュレーションを進めていきましょう。

⑧ では、退職時にいくらあれば安全圏なのか？

　いままでのシミュレーションを見ると、このようなインフレ下では資産の残高と資産の減り方に密接な関係があることがわかります。

　では、続いてスタート時点（退職時点）の資産がその後のキャッシュフローにどのような影響を与えるのかを検証してみましょう。
　次のシミュレーションは シミュレーション5 のケースをベースに2005年末の資産残高を2,000万円から3,000万円に増やした場合です。

条件の変更ポイント（ほかの条件はすべて シミュレーション5 と同じ）
●2005年末の資産残高のみを3,000万円に変更

　以上の条件を変更し、シュミレーションを行なってみましょう。

シミュレーション8

シミュレーション8（表2-⑰） (単位：万円)
■インフレ率　2%　■資産運用　行なわない
■シミュレーション5をベースに、2005年末時点の資産残高を3,000万円へ

年度	収入	支出	収支	年末の資産残高	年度	収入	支出	収支	年末の資産残高
2005	280	350	-70	3,000	2020	280	471	-191	1,026
2006	280	357	-77	2,923	2021	280	480	-200	826
2007	280	364	-84	2,839	2022	280	490	-210	616
2008	280	371	-91	2,747	2023	280	500	-220	396
2009	280	379	-99	2,649	2024	280	510	-230	166
2010	280	386	-106	2,542	2025	280	520	-240	-74
2011	280	394	-114	2,428	2026	280	530	-250	-325
2012	280	402	-122	2,306	2027	280	541	-261	-586
2013	280	410	-130	2,176	2028	280	552	-272	-858
2014	280	418	-138	2,038	2029	280	563	-283	-1,141
2015	280	427	-147	1,891	2030	280	574	-294	-1,435
2016	280	435	-155	1,736	2031	280	586	-306	-1,741
2017	280	444	-164	1,572	2032	280	597	-317	-2,058
2018	280	453	-173	1,399	2033	280	609	-329	-2,387
2019	280	462	-182	1,217	2034	280	622	-342	-2,729

　Bさんは60歳時点で3,000万円の資産を持っていましたが、インフレが年率2％で進むと、わずか20年後には借金生活に突入です。ただし、 シミュレーション5 では2021年にすでに資産が底を尽いていましたので、それなりの効果はあったと言えるでしょう。

　では、この場合は資産運用を何％で行なうとインフレに勝ち、30年後も資産残高をプラスで迎えられるのでしょうか？　前記の シミュレーション7 ではBさんは60歳時点で2,000万円を持ってスタートしました。今回のシュミレーションでは1,000万円余分に持ってスタートするわけですね。

　答えは年率3.9％です。1,000万円多く持ってスタートを切ることにより、必要な資産運用利回りは年率6.7％→年率3.9％となり、

ずいぶんとハードルは低くなったといえるでしょう。（ シミュレーション9 をご覧ください。）

シミュレーション9

シミュレーション9（表2-⑱） (単位：万円)
■インフレ率　2%　■資産運用　3.9%
■シミュレーション5をベースに、2005年末時点の資産残高を3,000万円へ

年度	収入	支出	収支	年末の資産残高	年度	収入	支出	収支	年末の資産残高
2005	280	350	-70	3,000	2020	280	471	-191	2,825
2006	280	357	-77	3,040	2021	280	480	-200	2,734
2007	280	364	-84	3,074	2022	280	490	-210	2,631
2008	280	371	-91	3,103	2023	280	500	-220	2,514
2009	280	379	-99	3,125	2024	280	510	-230	2,382
2010	280	386	-106	3,141	2025	280	520	-240	2,235
2011	280	394	-114	3,149	2026	280	530	-250	2,071
2012	280	402	-122	3,150	2027	280	541	-261	1,891
2013	280	410	-130	3,142	2028	280	552	-272	1,693
2014	280	418	-138	3,127	2029	280	563	-283	1,476
2015	280	427	-147	3,102	2030	280	574	-294	1,239
2016	280	435	-155	3,068	2031	280	586	-306	982
2017	280	444	-164	3,023	2032	280	597	-317	703
2018	280	453	-173	2,969	2033	280	609	-329	401
2019	280	462	-182	2,903	2034	280	622	-342	75

　逆にBさんが60歳時点で1,000万円しか持っていなかったとしましょう。この場合は年率12.9%で資産を運用しなくては追いつきません。（ シミュレーション10 をご覧ください。）

シミュレーション10

シミュレーション10（表2-⑲） (単位：万円)

■インフレ率 2%　■資産運用 12.9%
■シミュレーション5をベースに、2005年末時点の資産残高を1,000万円へ

年度	収入	支出	収支	年末の資産残高	年度	収入	支出	収支	年末の資産残高
2005	280	350	-70	1,000	2020	280	471	-191	1,591
2006	280	357	-77	1,052	2021	280	480	-200	1,596
2007	280	364	-84	1,104	2022	280	490	-210	1,592
2008	280	371	-91	1,155	2023	280	500	-220	1,578
2009	280	379	-99	1,205	2024	280	510	-230	1,551
2010	280	386	-106	1,254	2025	280	520	-240	1,511
2011	280	394	-114	1,301	2026	280	530	-250	1,456
2012	280	402	-122	1,347	2027	280	541	-261	1,382
2013	280	410	-130	1,391	2028	280	552	-272	1,289
2014	280	418	-138	1,432	2029	280	563	-283	1,172
2015	280	427	-147	1,470	2030	280	574	-294	1,029
2016	280	435	-155	1,504	2031	280	586	-306	856
2017	280	444	-164	1,534	2032	280	597	-317	649
2018	280	453	-173	1,559	2033	280	609	-329	403
2019	280	462	-182	1,579	2034	280	622	-342	114

　以上、インフレが年率2%で進行すると仮定した場合、定年退職時の資産残高により、必要とされる資産運用の利回りにずいぶんと開きがでてくるということがおわかりいただけたと思います。

　ここで、いままで行なったシミュレーションをまとめておきましょう。

シミュレーション　7～9の結果より。

前提条件

●60歳時からの収入は年額280万円、全額公的年金の収入で受給額は増えも減りもしない。

●同じく60歳からの支出は年額350万円、インフレ率を年率2.0%とした。支出はインフレ率にスライドして年々上昇を続け

る。

　以上の前提で、60歳時の資産残高を1,000万円とした場合、30年後まで借金生活に入らなくてすむためには年率13％近くで資産の複利運用が必要。
　同じく60歳時点の資産残高が2,000万円の場合、年率7.0％近くで運用しなければならない。3,000万円持ってスタートできれば年率4％程度でまかなえることになる。
　上記のように他の条件を揃えた場合、60歳時の資産残高によりその後必要とされる資産の運用利回りが天と地ほど差が出てきます。インフレ率2％の世界では、年率4％程度の資産運用は十分に射程圏ですが、年率13％ともなれば絶望的です。なによりも60歳時点での資産残高はできる限り大きく（発射台はできるだけ高く！）することが肝心です。発射台の低い方は、再就職などもの選択肢も視野にいれ、少しでも発射台を高くするよう心がけてください（発射台が低く、継続就労・再就職もイヤな人にとっては次のシミュレーションの結果が大きな意味をもつかもしれません）。

⑨ 年間10％の支出増で30年後はどうなる？

さて、ここでもうひとつシミュレーションを行なう必要があります（すみません、もう少しお付き合いください）。というのも、いままでの一連のシミュレーションでは、支出の増減が資産残高に与える影響について触れてこなかったからです。

次に行なうシミュレーションでは シミュレーション5 のモデルをベースに初年度の支出を10％増加（ほかはまったく同じ条件）させ、それが30年後の資産残高にどのような影響を与えるか、見

シミュレーション11

シミュレーション11（表2-⑳） （単位：万円）
■インフレ率　2％　■資産運用　行なわない
■シミュレーション5をベースに、2005年の支出を+10％の385万へ
以降の支出は、シミュレーション5と同じく年率2.0％ずつアップ

年度	収入	支出	収支	年末の資産残高	年度	収入	支出	収支	年末の資産残高
2005	280	385	-105	2,000	2020	280	518	-238	-591
2006	280	393	-113	1,887	2021	280	529	-249	-840
2007	280	401	-121	1,767	2022	280	539	-259	-1,099
2008	280	409	-129	1,638	2023	280	550	-270	-1,369
2009	280	417	-137	1,501	2024	280	561	-281	-1,649
2010	280	425	-145	1,356	2025	280	572	-292	-1,942
2011	280	434	-154	1,203	2026	280	584	-304	-2,245
2012	280	442	-162	1,041	2027	280	595	-315	-2,560
2013	280	451	-171	869	2028	280	607	-327	-2,887
2014	280	460	-180	689	2029	280	619	-339	-3,227
2015	280	469	-189	500	2030	280	632	-352	-3,578
2016	280	479	-199	301	2031	280	644	-364	-3,943
2017	280	488	-208	93	2032	280	657	-377	-4,320
2018	280	498	-218	-125	2033	280	670	-390	-4,710
2019	280	508	-228	-353	2034	280	684	-404	-5,114

ていくことにしましょう。

条件設定は、
- 2005年を起点にした、年率2%のインフレ
- 2005年末時点の資産残高を2,000万円
- 収入は年額280万円で一定
- 資産運用は行なわない

  （以上の設定は、 シミュレーション５ と同じです）
- 2005年度の支出を シミュレーション５ のモデルに比べ、＋10%の385万円とする。

としました。シミュレーションの結果は表2-⑳のとおりです。

ごらんのように、2034年時点の資産残高は－5,114万円となります。 シミュレーション５ では2034年時点の資産残高は－3,729万円ですから、初年度の年間の支出を10%増やしただけで30年後の資産は1,385万円減ってしまうことになります。

実際には、どこかで支出に歯止めをかけ、シミュレーションどおりに資産残高が推移することは考えにくいですが、わずが初年度35万円（月になおすと、およそ2万9千円程度のものです）の差が30年後にこれだけ大きな開きになって現れるということはご理解いただきたいと思います。

では、この差額を取り返すのに一体どれほどの利回りが必要なのでしょうか。最後にそのシミュレーションを行なってみましょう。

シミュレーション12

シミュレーション12（表2-㉑） (単位:万円)

■インフレ率　2%　■資産運用　8.8%
■他の条件はシミュレーション11と同じ

年度	収入	支出	収支	年末の資産残高	年度	収入	支出	収支	年末の資産残高
2005	280	385	-105	2,000	2020	280	518	-238	2,489
2006	280	393	-113	2,063	2021	280	529	-249	2,459
2007	280	401	-121	2,124	2022	280	539	-259	2,416
2008	280	409	-129	2,183	2023	280	550	-270	2,359
2009	280	417	-137	2,238	2024	280	561	-281	2,286
2010	280	425	-145	2,290	2025	280	572	-292	2,195
2011	280	434	-154	2,338	2026	280	584	-304	2,085
2012	280	442	-162	2,381	2027	280	595	-315	1,953
2013	280	451	-171	2,420	2028	280	607	-327	1,798
2014	280	460	-180	2,453	2029	280	619	-339	1,617
2015	280	469	-189	2,479	2030	280	632	-352	1,407
2016	280	479	-199	2,499	2031	280	644	-364	1,167
2017	280	488	-208	2,510	2032	280	657	-377	892
2018	280	498	-218	2,513	2033	280	670	-390	580
2019	280	508	-228	2,506	2034	280	684	-404	228

シミュレーション5 と シミュレーション7 の関係ですでに見たように、初年度の支出を350万円とした場合、資産運用を年率6.7%で行なうことで、年率2%のインフレを克服できたました。これに対し シミュレーション11 と シミュレーション12 の関係でわかるように、初年度の支出を10%アップさせ385万円とした場合には年率8.8%の資産運用が要求されることになります。やはり、リタイア後の生活には（ある意味当然かもしれませんが）無駄な支出の圧縮ということも考えざるを得ないようです。逆に、支出を圧縮できるのであれば必要とされる運用利回りのハードルが低くなる、ということでもあります。

　以上、さまざまなシミュレーションを行ないながら、60歳の定

第2章　長生き対策としての資産運用、資産防衛の必要性

年退職時以降のキャッシュフローを見てきました。これらの結果から言えるのは、60歳の定年退職後、さらに30年先までのライフプランを考えた場合、

- 退職時に極力多くの資産を保有していなければならない。少なくとも3,000万円以上の金融資産を持ってリタイア後の生活に臨みたい。(発射台は少しでも高くしたほうが、その後の資産運用のハードルは低くてすむ)。
- その場合、年率2％のペースでインフレが進んでも、年率4％(注)程度の資産運用で対処できる。
- 発射台を高くする、という意味では60歳以降の継続就労も重要な選択肢である。もし、60歳時点で金融資産残高が3,000万円に満たない場合は再就職・継続就職により60歳代前半で金融資産残高を早急に3,000万円以上まで高める必要がある。

【注意】
ここで注意が必要なのは、現在の資産運用の感覚と、上記のシミュレーション(物価上昇率が年率2％の世界)での感覚は、たとえば同じ4％でもずいぶん違うということです。たしかに、いまの経済状況を前提にすれば年率4％で運用しようとすればかなりのリスクが伴いますが、物価上昇率が2％の世界では、それほどリスクをとる必要はありません。

　グラフ2-㉒は過去10年間のインフレ率と1年もの定期預金の金利を比較したものです。1996年と1997年の2年を除いて定期預金の金利はインフレ率を多少は上回っています(金融データシステムの角川総一氏によると、1980年までさかのぼ

っても、この傾向に変化はないとのこと)。したがって物価上昇率が2%の世界では、定期預金のような元本が保証された商品で運用しても、ある程度は高い収益率が確保できるということです。(ただし、全額を定期預金で運用していたのでは追いつかないということも同時に明らかですが。)

ということが言えそうですね。ただし、上記はあくまで本書で設定したモデル世帯を前提に行なったシミュレーションの結果によるものです。

前にもお話しましたが、キャッシュフローは世帯ごと千差万別、さらに皆さんの資産残高はインフレ率と資産運用利回りの微妙なバランスの上に成り立っています。ご自分の場合資産残高はどう推移するかを知るためにはまず、"ご自分のキャッシュフロー表"を作成すること。さらにそこにインフレの影響を加味していくしか手がありません。

1年もの定期預金の金利とインフレ率の比較 (グラフ2-㉒)

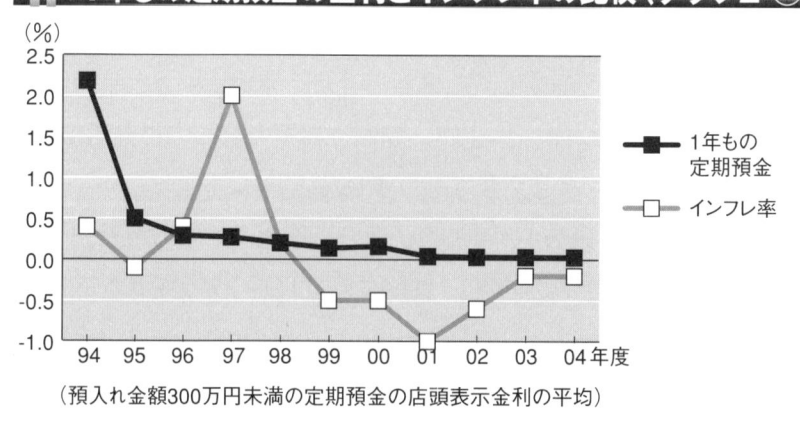

(預入れ金額300万円未満の定期預金の店頭表示金利の平均)

第2章　長生き対策としての資産運用、資産防衛の必要性

　皆さんには第2章の③で"ご自分のキャッシュフロー表"を作っていただきました、さらに本書で行なった シミュレーション 4～11の進め方をご参照いただき、ご自分にとって必要な資産運用利回りはいくらか、考えてみてはいかがでしょうか。
　また、面倒だという方のために、60歳時点の資産残高、収入、支出の条件さまざまにを変えて行なったシミュレーション結果を表2-㉓に掲げました。ご自分の数値をあてはめて「必要利回り」を計算してみてください。

収支別必要利回り一覧（表2-㉓）

	初年度資産残高（万円）	収入（万円）	初年度支出（万円）	必要利回り（％）	備考
①	1,000	280	350	12.9	シミュレーション10
②	2,000	280	350	6.7	シミュレーション7
③	3,000	280	350	3.9	シミュレーション9
④	1,000	250	350	15.3	⎫
⑤	2,000	250	350	8.1	⎬ 収入を約10％削減
⑥	3,000	250	350	5.0	⎭
⑦	1,000	310	350	10.5	⎫
⑧	2,000	310	350	5.3	⎬ 収入を約10％増加
⑨	3,000	310	350	2.7	⎭
⑩	1,000	280	320	10.0	⎫
⑪	2,000	280	320	4.9	⎬ 支出を約10％削減
⑫	3,000	280	320	2.4	⎭
⑬	1,000	280	380	15.7	⎫
⑭	2,000	280	380	8.5	⎬ 支出を約10％増加
⑮	3,000	280	380	5.3	⎭

●表の見方

①～⑮のケースごとに、それぞれ毎年何％で複利運用すれば30年後に資産がプラスに維持できるかを表しています。

たとえば、ケース①では、

　　60歳時点の資産残高　　1,000万円

　　60歳以降の年間収入　　280万円

　　60歳時点の年間支出　　350万円

とした場合、年間の運用利回りは12.9％以上必要であることを表しています。

条件
●インフレはいずれのケースも年率2％。
●収入は初年度の収入のまま一定。
●支出は初年度の支出がインフレ率（年率2％）と同じペースで上昇。
●シミュレーション期間は30年間、従って、「必要利回り」は上記の条件で30年後に資産残高をプラスに維持するために必要な資産運用の年間利回りを指す。

第3章
さあ、資産運用を始めましょう

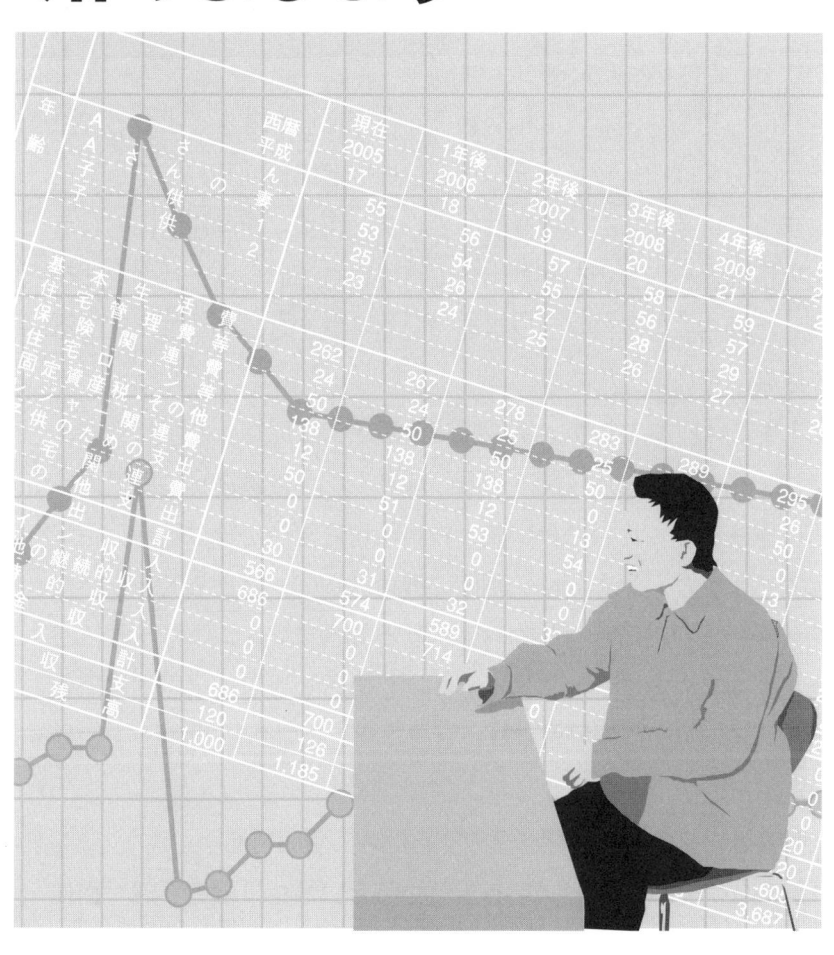

1 そもそも、なぜ資産運用が必要なのか？

　相変わらず書店に行くと株式投資関連の本が目立ちますね。それらのほとんどは"デイトレ系"の本か、株式投資の"ノウハウ系"の本で、正面から株式投資についてまじめに取り組んだ良書にお目にかかることはめったにありません。

　それにしても、日本人は相変わらず極端に振れすぎるようで、資産運用といえば銀行預金からいきなり株などの短期売買にすっ飛んでしまっているような印象を受けてしまいます。資産運用に対しまじめに正面から取り組む層が十分に育成されておらず、社会全体を見渡した場合、非常にバランスを欠いた不健全な状態になっているのではないでしょうか。

　第1章で「日本人もずいぶん成熟してきましたね」と申し上げましたが、こと資産運用に関する限り成熟という言葉からはほど遠いように思えます。これも長い間、投資教育を軽視し続けてきた結果なのでしょうか。米国では、明確に教育課程の一環として、小学校の時分から投資教育が行なわれていると聞きます。以下は米国における小学4年生までに学ぶべきとされている知識です（日本経済新聞2004年10月31日記事より）。

1. 貯蓄は将来の経済目標を達成するための手段である。
2. 貯蓄には、欲しいモノをあきらめるといった「機会費用」が伴なう。

3.お金をためる方法には貯金箱の活用、預金口座の開設、債券購入などの選択肢がある。

　このあたりまではまだ余裕かもしれませんが、これが中学2年生にもなると

　1.貯金は緊急の出費や短期的目標のためであるのに対し、投資は長期的目標を達成するための資金である。
　2.貯蓄用と投資用の金融商品では、流動性、予想収益、リスクの大きさが異なる。
　3.投資商品の収益率とリスクの大きさには、通常正の相関関係がある。
　4.複利とは、元金とそれまでに得られた利子の両方に利子がつくことである。
　5.元本を倍に増やすのに必要な期間や金利を計算するのに「72の法則」が役立つ。
　　72の法則：「72／金利＝元本が倍になるのに要する年数（複利計算の場合）」

　　　　　　　　　　　　（同じく日本経済新聞の記事より）

といった知識を身につけることが要求されています。なかなかに含蓄のある言葉が並んでいますね。
　皆さん、米国の中学生は結構てごわいですよ、日本の銀行が欧米の銀行に勝てないのもうなずけますよね。

いま、政府は国民の資産を預金から投資の方向へ流そうとしいるようですが、私は何よりも子供たちに対し資産運用を身近な存在として、また、教育の一環として取り組めるような環境を与えてやることが大切だと思っています。
「生まれてこのかた、資産運用など考えたこともない」といった人が、周りで儲けた人がいる、あるいは証券会社の営業マンに勧められたからといった浮わついた理由で、ある日突然に株式投資をはじめる姿を私はよく目にします。しかし、実はこれほど危険なことはないのです。資産の少ない若い頃に、失敗に陥る人はまだしもマシといえるかもしれません。いちばん怖いのは、なけなしの退職金を何の知識もなく、ただお金があるというだけでリスクの高い金融商品に投入し、取り返しのつかない失敗を犯すケースです。

　たとえば、2,000万円の退職金を全額株式投資にまわしたとして、最初の1年間で仮に50％を失い、残高が1,000万円になったとしましょう。
「2,000万円×（1-0.5）＝1,000万円」
　この人が"負け"を取り返すためには、次の1年で50％増やしただけでは追いつきません。
「1,000万円×（1+0.5）＝1,500万円」
　ここから、さらに33％も増やさなければ元に戻らないことになります。
「1,500万円×（1+0.33）≒2,000万円」
　最初に犯した失敗は致命傷になる可能性がありますので、十分慎重に取り組んでいただきたいと思います。

株式投資というやつは資産運用のなかでも、最もリスクの高い投資行動です。ましてやデイトレーディングなどというものは、勝ちと負けがフィフティフィフティの完全なギャンブルですね。決しておすすめできるようなシロモノではありません。

マージャンをたしなむ人ならおわかりでしょうが、ツキは連続してやってきます。ツキは科学的な言い回しをすれば単なる「統計上のゆらぎ」にすぎません。「長い時間プレイすれば必ず起こる連続した勝ち負けの大波」（PHP新書『ツキの法則』谷岡一郎著より）と言うこともできます。デイトレも本来はゼロサムゲーム、長くやっていれば勝者も敗者もいないものなのです。たまたま勝ち込んだ人をマスコミが面白がって取り上げても、それは"たまたま"勝っているに過ぎません。決して、安易な気持ちで考えないでください。

そもそも株式投資という世界に入るためには、それなりに"参加料"が必要です。持っている株が下がることに対する"恐怖"と、その恐怖に耐える"精神力"、さらに株式投資は"情報量"と他人よりも半歩先を行く（他人に遅れるようなことがあれば話になりませんが、他人より先に行き過ぎても失敗するのです。大切なのは他人より半歩早くソコに行き、ソコで待っている、ということです）"先見性"が必要、それらを自分自身のものにするため、たゆまぬ自己投資を続けなければなりません。これらの"参加料"を支払ってはじめてこの厳しい株式投資の世界でプレーできる権利を得ることができるのです。まず、株式投資はそれほど厳しいものだということを肝に銘じてください。

ときどき、"参加料"を支払わずにこの世界に迷い込んでくる人もいますが、間違いなく他のプレーヤー（このなかには当然、証券会社の営業マンも含まれています）のカモにされることになります。

　本書をここまでお読みいただいた方は、この本が単なる"煽り系の投資本"ではないことをご理解いただけたと思います。本書はリタイアを間近にした方々に対し、ご自分のライフプランをしっかりと立てることの重要性をご説明し、そのうえで必要に応じ資産運用に対し前向きに考え、かつ実行するためのヒントを与えることを目的としております。
　皆さんお一人お一人がしっかり地に足をつけ、自分にとって「なぜ資産運用が必要なのか？」また「どれほどのリターンが必要なのか？」それぞれの事情にあわせ考えるところから資産運用というものに腰をすえて取り組んでいただければと思います。

　ではここで、あらためてお尋ねします。「あなたにとって、なぜ資産運用が必要なのでしょうか？」
　リタイアを直前に迎えた皆さんの答えは「将来の年金受給に対する不安や、インフレに備えるため」というものがいちばん多いのではないでしょうか。なかには、いまもっている資産でほぼ将来の生活は不安なく送れるが、余裕資金を少しでも増やし、より豊かな生活を手に入れたいという積極派もいらっしゃるでしょうが、少数派だと思います。
　あなたが仮に多数派に属するなら、資産運用はどのような手順に基づいて行なえばよいのでしょうか。本来ならまず、お一人お一人

第3章　さあ、資産運用を始めましょう

に必要な資産運用利回りを算出し、そのうえで、その利回りを達成するために必要な資産の組み合わせを変えるという手順を踏むべきなのです。しかし、残念ながら現実には、資産運用といえば株や投資信託など一足飛びにハイリスク・ハイリターンな商品にいってしまいがちですね。なかには、いままで資産運用など考えたこともなかった人が、退職金を手にしたとたん証券会社の営業マンの言われるまま、推奨銘柄の回転売買の罠にハマってしまうケースもあります。自分なりのしっかりした資産運用のゴールを持っていないので、このようなことになってしまうのでしょう。

　株式投資を否定するつもりはまったくありませんが、どうぞもっと多くの選択肢を持ってください。そのあとで株式投資を行なうのであれば「なぜ株式なのか」を明確にし、十分な研究を重ねたうえで行なうようにしていただきたいと思います。

　本書では、上記のような手順を踏みながら、資産運用の実践についてご説明していきます。

② 資産の配分はどういう観点で行なうか?

　私たちが資産運用ということについて考える場合、どのような観点で自分の資産を配分していけばよいのでしょうか?
　この方法は人によってさまざまですが、私自身は相談者に対して下記のような3つの基準で資産配分の提案を行なっています。

1. (その資産が持っている)リスクとリターンという観点からの配分
2. 通貨による配分
3. 株・債券・その他資産という(その資産の)属性による配分

　詳細はこの章の最後でご説明しますが、いまからご紹介する配分方法は、これら3つの観点をマトリックス状に組み合わせて分類することにより、一覧的でかつ体系的に行なえるという長所を持っています。(表3-①参照、リスクとリターンからの分類は横軸で、通貨および属性による分類は縦軸で行ないます)
　では、順を追ってご説明しましょう。

■ マトリックス・アロケーション表(表3-①)

	国内通貨			外国通貨		
	債券	株式	他	債券	株式	他
ローリスク資産						
ミドルリスク資産						
ハイリスク資産						

3 リスクとリターンという観点からの配分

　皆さんは、リスクという言葉を耳にされることは多いと思います。日常生活では「危険」というように訳されますが、投資の世界でリスクという言葉を使うときは主に「バラツキ」という意味で使われるのが一般的です。この「バラツキ」という概念は投資を行なううえでは大変基本的かつ重要な考え方で、「不確実性」と言い換えることもできます。

　たとえば、予想したより収益が大きく下回る場合もあるが予想を超えて大きな収益をあげる場合もある、このような状態を「リスクが高い」と表現することができるわけです。これに対し、「リスクが低い」状態とは、予想した収益率から上下の差（ブレ）が少ない状態、言い換えれば安定した状態を指します。

　もうひとつ、資産運用を行なうに際し、とても重要な「リターン」という概念があります。リターンは収益（性）のことです。一般的に、このリスクとリターンの間には下記のように密接な関係があります。

☐リスク（高い）　―――　リターン（高い）
☐リスク（中ぐらい）　―――　リターン（中ぐらい）
☐リスク（低い）　―――　リターン（低い）

　この関係は大変シンプルでわかりやすいのですが、この関係につ

いて理解がしっかりできていない人が意外に大勢いるようですね。この関係は一時的（ほんのいっときです）に崩れることはあっても、すぐもとのバランスに戻ってしまいます。リスクに比べリターンが高い金融商品があると、次の瞬間には、その商品は買い進まれ値段があがってしまいます。値段があがった時点で、その商品のリターンはすでに下がっていますので、その時点で再びリスクとリターンはもとのバランスに戻ってしまうのです。

　いまは個人投資家、機関投資家入り乱れてすべてのプレーヤーは血眼になって少しでも有利な投資機会を探しています。情報の伝達スピードが遅かった一昔前なら、多少ほかのプレーヤーに先んじることはできたかもしれません。残念ながら、いまはこういう時代、ほかのプレーヤーに先んじて自分のところにオイシイ話などくるはずないと思ってください。一般的には、リスクとリターンには必ず上記のような関係が成り立つと考えてください。

　また、それぞれのリスクグループごとの期待リターンですが、通常、私は下記のように標準的なリターンを設定するようにしています。

□ローリスク資産（主に元本が保証された商品、預貯金・国債など）＝年率2.5%
□ミドルリスク資産（ある程度の値動きがある商品、外債や債券型投信など）＝年率4.5%
□ハイリスク資産（値動きの激しい商品、株や株式投信など）＝年率8%

ローリスク資産＝年率2.5％というのは高すぎて違和感があるとおっしゃる方も多いと思いますが、第1章でみてきたように、今後30年というロングスパンで物事を見た場合、私自身は決して違和感のある数字だとは思っていません。たとえば、個人向け国債の利回りを見ても、2005年3月発売の商品で0.74％と高い利回りが付いていますし、この利回りは10年物国債の利回りに連動して上昇（下降）する設計になっています。

前置きが長くなりましたが、以上の前提に立って、ご自分の資産を各リスクグループごとに、どのようなウエイトで配分するかをまず考えてみましょう。

たとえば、第2章で計算したあなたの今後のキャッシュフローを前提にした場合に、仮に、年率5％で資産を運用し続ければ生活を防衛できるという結果になったとしましょう。まず、最初に行なうのは「年率5％の収益率を達成するための資産配分をどう決めるか」ということです。

この資産配分のことを「アセット・アロケーション」といいます。一般的にはこのアセット・アロケーションの良し悪しで、あなたの資産の収益率はほとんど決まってしまう、ということになっています。

私自身は、このアセット・アロケーションの決定が収益率をほぼ決めてしまうという考え方には賛成できません。たとえば、この考え方はアメリカンフットボールの試合でフォーメーションの決定が勝敗を決めてしまうという考え方に似ています。実際にフォーメー

ションは重要ですが、試合を行なう各プレーヤーの各局面での判断力も同じくらいの比重で重要だと思います（ただし、私自身もアセット・アロケーションの重要性を否定するつもりはありませんが）。

　では、ここで年率5％で収益をあげるアセット・アロケーションについてちょっと考えてみましょう。
　たとえば先ほどのように、ローリスク資産の期待リターンを年率2.5％、ミドルリスク資産の期待リターンを年率4.5％、ハイリスク資産の期待リターンを年率8％と仮に置いた場合。それぞれの構成比を

　ローリスク資産＝29％
　ミドルリスク資産＝40％
　ハイリスク資産＝31％

としてみましょう。この場合、この資産全体の期待リターンは、（2.5％×0.29）＋（4.5％×0.4）＋（8％×0.31）≒5.0％　となりますし、また、

　ローリスク資産＝36％
　ミドルリスク資産＝30％
　ハイリスク資産＝34％

というような配分を行なっても、この資産全体の期待リターンは、（2.5％×0.36）＋（4.5％×0.3）＋（8％×0.34）≒5.0％　となり、結果として上記と同じ5％になります。さらに、

　ローリスク資産＝51％
　ミドルリスク資産＝5％
　ハイリスク資産＝44％

とした場合でも、この資産全体の期待リターンは、
(2.5%×0.51) + (4.5%×0.05) + (8%×0.44) = 5.0%
となり、この場合も結果は同じく5%です。

この例ではそれぞれのリスクグループごとの期待リターンを先に決めてしまいましたが、期待リターンについては人それぞれの主観により多少の上下は出てきてもよいでしょう。

また、上記はほんの一例にすぎません。実は年率5%のアセット・アロケーションというものは無数に作れるのです。結果的には、このような組み合わせの中からご自分にいちばんフィットしたアセット・アロケーションをまず決めていただくことになります。

では、いったい何を基準にその配分率を決めていけばよいのでしょうか？　以下、その手順についてさらに詳細にご説明しましょう。

ここで、「キャッシュフロー表」に再登場してもらうことになります。ただ、ここでは話を簡略にするため、下記の設定条件に従って話を進めていくことにします。ここでは、仮に世帯主をＣさんとしましょう。

◆Ｃさん世帯の設定条件
- Ｃさんは2005年現在59歳、奥さんは56歳。子供はすでに独立し、今後の援助は不要。2005年末現在での資産残高は1,700万円。
- Ｃさんはサラリーマンで、2005年現在の手取り年収は730万円。
- Ｃさんは60歳時に退職金2,000万円（手取り。ただし60歳時の物価水準では、2,040万円）を受け取り再就職、再就職先の手取り年収は（現在の物価水準に換算して）300万円、64歳まで勤務。
- Ｃさん世帯の年間支出は初年度530万円、60歳退職後の年間支出は

キャッシュフロー表（表3-②） 資産運用を行なわない場合

		現在 西暦2005 平成17	1年後 2006 18	2年後 2007 19	3年後 2008 20	4年後 2009 21	5年後 2010 22	6年後 2011 23	7年後 2012 24
年齢	Cさん	59	60	61	62	63	64	65	66
	Cさんの妻	56	57	58	59	60	61	62	63
支出	基本生活費	530	541	416	424	433	442	450	459
	住宅管理費等	0	0	0	0	0	0	0	0
	保険関連費	0	0	0	0	0	0	0	0
	住宅ローン等	0	0	0	0	0	0	0	0
	固定資産税・その他	0	0	0	0	0	0	0	0
	レジャー関連費	0	0	0	0	0	0	0	0
	子供のための支出	0	0	0	0	0	0	0	0
	住宅関連費	0	0	0	0	0	0	0	0
	その他支出	0	0	0	0	0	0	0	0
	支出計	530	541	416	424	433	442	450	459
収入	主な収入	730	745	312	318	325	331	0	0
	その他の継続的収入	0	0	0	0	0	0	0	0
	一時的収入	0	2,040	0	0	0	0	0	0
	年金収入	0	0	0	0	0	0	300	300
	収入計	730	2,785	312	318	325	331	300	300
年間収支		200	2,244	-104	-106	-108	-110	-150	-159
資産残高		1,700	3,944	3,840	3,734	3,626	3,515	3,365	3,205
想定インフレ率		2	%						
物価指数推移		1	1.02	1.04	1.06	1.08	1.10	1.13	1.15

		19年後 西暦2024 平成36	20年後 2025 37	21年後 2026 38	22年後 2027 39	23年後 2028 40	24年後 2029 41	25年後 2030 42	26年後 2031 43
年齢	Cさん	78	79	80	81	82	83	84	85
	Cさんの妻	75	76	77	78	79	80	81	82
支出	基本生活費	583	594	606	618	631	643	656	669
	住宅管理費等	0	0	0	0	0	0	0	0
	保険関連費	0	0	0	0	0	0	0	0
	住宅ローン等	0	0	0	0	0	0	0	0
	固定資産税・その他	0	0	0	0	0	0	0	0
	レジャー関連費	0	0	0	0	0	0	0	0
	子供のための支出	0	0	0	0	0	0	0	0
	住宅関連費	0	0	0	0	0	0	0	0
	その他支出	0	0	0	0	0	0	0	0
	支出計	583	594	606	618	631	643	656	669
収入	主な収入	0	0	0	0	0	0	0	0
	その他の継続的収入	0	0	0	0	0	0	0	0
	一時的収入	0	0	0	0	0	0	0	0
	年金収入	300	300	300	300	300	300	300	300
	収入計	300	300	300	300	300	300	300	300
年間収支		-283	-294	-306	-318	-331	-343	-356	-369
資産残高		519	225	-81	-400	-730	-1,074	-1,430	-1,799
物価指数推移		1.46	1.49	1.52	1.55	1.58	1.61	1.64	1.67

第3章 さあ、資産運用を始めましょう

(金額の単位:万円)

8年後 2013	9年後 2014	10年後 2015	11年後 2016	12年後 2017	13年後 2018	14年後 2019	15年後 2020	16年後 2021	17年後 2022	18年後 2023
25	26	27	28	29	30	31	32	33	34	35
67	68	69	70	71	72	73	74	75	76	77
64	65	66	67	68	69	70	71	72	73	74
469	478	488	497	507	517	528	538	549	560	571
0	0	0	0	0	0	0	0	0	0	0
0	0	0	0	0	0	0	0	0	0	0
0	0	0	0	0	0	0	0	0	0	0
0	0	0	0	0	0	0	0	0	0	0
0	0	0	0	0	0	0	0	0	0	0
0	0	0	0	0	0	0	0	0	0	0
469	478	488	497	507	517	528	538	549	560	571
0	0	0	0	0	0	0	0	0	0	0
0	0	0	0	0	0	0	0	0	0	0
0	0	0	0	0	0	0	0	0	0	0
300	300	300	300	300	300	300	300	300	300	300
300	300	300	300	300	300	300	300	300	300	300
-169	-178	-188	-197	-207	-217	-228	-238	-249	-260	-271
3,037	2,859	2,671	2,474	2,266	2,049	1,821	1,583	1,334	1,074	802
1.17	1.20	1.22	1.24	1.27	1.29	1.32	1.35	1.37	1.40	1.43

27年後 2032	28年後 2033	29年後 2034	30年後 2035
44	45	46	47
86	87	88	89
83	84	85	86
683	696	710	725
0	0	0	0
0	0	0	0
0	0	0	0
0	0	0	0
0	0	0	0
0	0	0	0
683	696	710	725
0	0	0	0
0	0	0	0
0	0	0	0
300	300	300	300
300	300	300	300
-383	-396	-410	-425
-2,182	-2,578	-2,989	-3,413
1.71	1.74	1.78	1.81

（現在の物価水準に換算して）400万円。
- 年金受給額はＣさん65歳時から300万円で一定（60歳時〜64歳時までの年金収入は便宜上ゼロとする）。
- インフレ率は年率で2％、給与収入、退職金はインフレ率に完全スライド、一方で年金受給額はスライドせず固定。

　表3-②は、上記の前提条件によって作成したＣさんの今後30年間の「キャッシュフロー表」です。

　まず資産残高の推移にご注目ください。2006年に資産残高はピークを迎えます。その後、徐々に減っていって2026年にはマイナス圏に突入します。問題は、2006年のピークから2026年に至る過程です。

　グラフ3-③をご覧ください。2006年時点で4,000万円弱あった資産残高は徐々に減っていきますが、それから12年後の2018年時点ではどうなってるでしょうか。まだ、2,000万円以上の資産が残っていますね。つまり、ピーク時点（2006年）の3,944万円のうち、2,000万円の部分には、2018年に至るまでまったく手を付けずに生きていけるということになります。あるいは、2006年に受け取った退職金はまるまる2018年まで、まったく使わずに生きていけると言うことも

資産残高の推移（グラフ3-③）

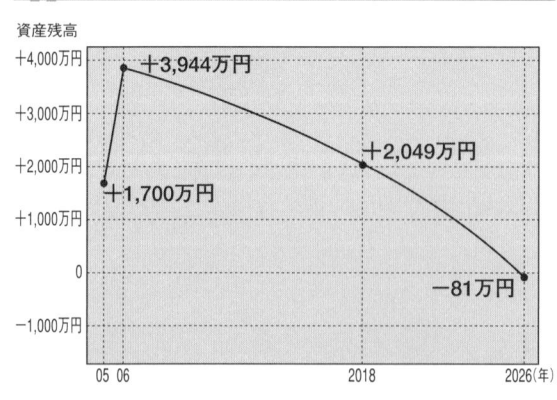

資産残高
- +4,000万円: +3,944万円
- +1,700万円
- +2,049万円
- −81万円

（05 06　　2018　　2026年）

できるわけです。

　さて、あなたならこの2,000万円をどう運用されますか？　13年にわたって手をつける必要のないお金です。

　結論を出す前に、「保有期間」と「価格変動」の間に成り立つ、一般的な関係についてみておきましょう。
　表3-④とグラフ3-⑤を見てください（次ページ）。これは1973年を起点とした日経平均株価の推移と1973年に日経平均株価という架空の商品に投資したとすれば、保有期間によって年率（複利）で平均何％の収益を上げることができたかを計算したものです。たとえば、1980年の「保有期間平均収益率」の欄を見ていただくと7.44％となっています。これは、1973年に株を買っていたら1980年までの7年間にわたり、ずっと複利で平均年率7.44％の収益を上げ続けられたということを意味しています。
　さらに、先を見ていくとどうでしょうか。いったん1989年に年間平均収益率は14.75％とピークに達します（1989年に株価が史上最高値の38,915円をつけた影響ですが、これも同様に1973年に株を買っていたら1989年までの16年間にわたり、ずっと複利で平均年率14.75％の収益を上げ続けられた、ということを意味しています）。
　さらにその後を見てください。保有期間平均収益率が徐々にあるレンジに収斂していっているように見えないですか？
　もっと細かく見ていきましょう。この30年間を1974年〜1983年、1984年〜1993年、1994年〜2003年というように

過去30年間(1973年〜2003年)の保有期間別リターン推移表(表3-④)

年度	日経平均株価(円)	保有年数(年)	保有期間平均収益率
1973	4,307		
1974	3,817	1	-11.38%
1975	4,359	2	0.60%
1976	4,991	3	5.04%
1977	4,866	4	3.10%
1978	6,002	5	6.86%
1979	6,589	6	7.34%
1980	7,116	7	7.44%
1981	7,681	8	7.50%
1982	8,017	9	7.15%
1983	9,894	10	8.67%
1984	11,543	11	9.38%
1985	13,113	12	9.72%
1986	18,701	13	11.96%
1987	21,564	14	12.19%
1988	30,159	15	13.85%
1989	38,915	16	14.75%
1990	23,849	17	10.59%
1991	22,984	18	9.75%
1992	16,925	19	7.47%
1993	17,417	20	7.24%
1994	19,723	21	7.51%
1995	19,868	22	7.20%
1996	19,361	23	6.75%
1997	15,259	24	5.41%
1998	13,842	25	4.78%
1999	18,934	26	5.86%
2000	13,786	27	4.40%
2001	10,543	28	3.25%
2002	8,579	29	2.40%
2003	10,677	30	3.07%

保有期間の違いによる平均収益率の変化(グラフ3-⑤)

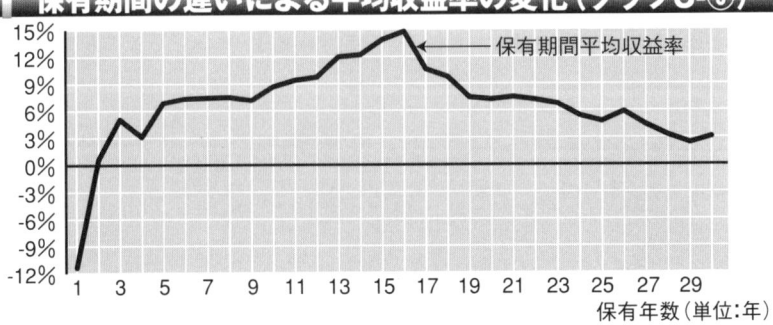

保有期間平均収益率

保有年数(単位:年)

3つの期間に分けて「保有期間平均収益率」のバラツキのみにご注目ください。最初の10年間の最低値と最高値の差は20.05％、次の10年間のそれは7.51％、最後の10年間では5.11％とバラツキが徐々に少なくなっているのがおわかりいただけると思います。

では、もっと論理的な手法でこれらのバラツキを計算してみましょう。統計学ではこれらのバラツキは「標準偏差」で表すことができます（皆さん学生のときに、よく「偏差値」で悩まされたと思いますが、あの「偏差値」は「標準偏差」に基づいて計算されています。「標準偏差」とは要するに"バラツキ度合い"を計る指標です。余談ですが、この"バラツキ度合い"は投資の世界では"リスク"そのものを表しています）。

さて、上記で3つに分けた各期間の平均収益率の標準偏差（バラツキ）ですが、1974年〜1983年、1984年〜1993年、1994年〜2003年でそれぞれ3.43％、2.78％、2.24％と徐々に値が少なくなっています。値は小さいほどバラツキ度合いは小さくなっていることを意味しています。

いかがでしょうか。以上の例はここ30年間の株価の推移のみを見たものですが、この例を見る限りは、"収益率のバラツキは保有期間が長くなるほど小さくなっていく"ということが言えそうです。

実は、統計学的にみますと、すべてのモノの動きは上記の例と同じような動きをします。最も簡単な例をあげると"サイコロの出目"です。サイコロを6回だけ振るとしましょう。この場合の出た目はたとえば、1が2回、2が0回、3が1回、4が3回、5が0回、6が0回といった具合に普通は多少のバラツキがでますよね。ところが、

振る回数を100回、200回とどんどん増やしていくとどうなるでしょうか？

　私たちは経験的に、それぞれ1/6ずつ、という理論値に近づいていくことを知っていますよね。投資期間とバラツキの関係も理論的にはサイコロの出目とまったく同じです。年に1回ずつ振るサイコロは振る回数を増やしていくと、徐々にその金融商品に内在している理論上の投資収益率に近づいていくのです。

　したがって、金融商品というものは一般的には**「長く持てば長く持つほど、価格変動を抑えられる」**ということがいえます。

　さらに、もうひとつ大切なポイントがあります。第2章で申し上げたように、Cさんは年率で何％の割合で資産運用を行なえばよいか、言い換えれば、「目標収益率」を何％にするか、という点です。まず、全体の収益目標が決まらなければ、資産配分もできないですよね。

　では、Cさんは年率で何％の資産運用をすれば30年後を資産残高がプラスの状態で迎えられるかのでしょうか。表3-⑥をご覧ください（118～119ページ）。これは表3-②をベースにして、年率4％でCさんの資産を運用した場合のシミュレーション結果です。表3-⑥から、Cさんが30年後まで資産残高をプラスに維持し続けるためには、資産を年率で4％程度で運用しなければならない、ということがわかります。

　以上のことを踏まえてCさんの資産配分を考えてみましょう。

前にみたように、Cさんは2006年に定年退職を迎えますが、その時点の資産残高3,944万円のうち2,000万円については2018年に至るまで、13年間にわたってまったく手を付けることなく生活ができました。また、Cさんは年率4％の割合で資産を運用していけばよいこともわかりました。

　一般的にはリスクが大きい商品（すなわち、価格変動が激しい商品）は高い収益率が期待でき、リスクが小さい商品（すなわち、価格変動が小さい商品）は収益率も低い、という関係が成り立ちます。

　先ほどご説明したように、仮に長く保有することによりリスクを軽減できるとしたら、Cさんはハイリスク・ハイリターンの商品、ミドルリスク・ミドルリターンの商品ローリスク・ローリターンの商品をどのように組み合わせればよいでしょうか？

　投資にはなかなか正解というモノはないようです。このようなアプローチ法をとっていても、第1章で見たように世の中30年も経てば予想を超えるようなことが頻繁に起こります。場合によっては、長期間保有しても、価格変動の影響を排除できない場合もあるかもしれません。しかし、だからといってこのようなアプローチ方法が無意味だとも思えません。少なくとも、原則に対して忠実にご自分の資産配分を行なうことは意義深いと私は思います。

　もし私がCさんに対し、年間の目標リターンを4％とした資産運用をアドバイスするとするなら、2006年の退職時の資産残高約4,000万円を下記のように配分することを薦めるでしょう。

ローリスク資産＝2,400万円　　（比率　60％）
ミドルリスク資産＝800万円　　（比率　20％）

キャッシュフロー表（表3-⑥）年率4％で資産運用を行なった場合

		現在 西暦 2005 平成 17	1年後 2006 18	2年後 2007 19	3年後 2008 20	4年後 2009 21	5年後 2010 22	6年後 2011 23	7年後 2012 24
年齢	Cさん	59	60	61	62	63	64	65	66
	Cさんの妻	56	57	58	59	60	61	62	63
支出	基本生活費	530	541	416	424	433	442	450	459
	住宅管理費等	0	0	0	0	0	0	0	0
	保険関連費	0	0	0	0	0	0	0	0
	住宅ローン等	0	0	0	0	0	0	0	0
	固定資産税・その他	0	0	0	0	0	0	0	0
	レジャー関連費	0	0	0	0	0	0	0	0
	子供のための支出	0	0	0	0	0	0	0	0
	住宅関連費	0	0	0	0	0	0	0	0
	その他支出	0	0	0	0	0	0	0	0
	支出計	530	541	416	424	433	442	450	459
収入	主な収入	730	745	312	318	325	331	0	0
	その他の継続的収入	0	0	0	0	0	0	0	0
	一時的収入	0	2,040	0	0	0	0	0	0
	年金収入	0	0	0	0	0	0	300	300
	収入計	730	2,785	312	318	325	331	300	300
年間収支		200	2,244	-104	-106	-108	-110	-150	-159
資産残高		1,700	4,012	4,068	4,125	4,182	4,239	4,258	4,269
想定インフレ率	2 ％								
物価指数推移		1	1.02	1.04	1.06	1.08	1.10	1.13	1.15

		19年後 西暦 2024 平成 36	20年後 2025 37	21年後 2026 38	22年後 2027 39	23年後 2028 40	24年後 2029 41	25年後 2030 42	26年後 2031 43
年齢	Cさん	78	79	80	81	82	83	84	85
	Cさんの妻	75	76	77	78	79	80	81	82
支出	基本生活費	583	594	606	618	631	643	656	669
	住宅管理費等	0	0	0	0	0	0	0	0
	保険関連費	0	0	0	0	0	0	0	0
	住宅ローン等	0	0	0	0	0	0	0	0
	固定資産税・その他	0	0	0	0	0	0	0	0
	レジャー関連費	0	0	0	0	0	0	0	0
	子供のための支出	0	0	0	0	0	0	0	0
	住宅関連費	0	0	0	0	0	0	0	0
	その他支出	0	0	0	0	0	0	0	0
	支出計	583	594	606	618	631	643	656	669
収入	主な収入	0	0	0	0	0	0	0	0
	その他の継続的収入	0	0	0	0	0	0	0	0
	一時的収入	0	0	0	0	0	0	0	0
	年金収入	300	300	300	300	300	300	300	300
	収入計	300	300	300	300	300	300	300	300
年間収支		-283	-294	-306	-318	-331	-343	-356	-369
資産残高		3,544	3,391	3,220	3,031	2,821	2,591	2,338	2,062
物価指数推移		1.46	1.49	1.52	1.55	1.58	1.61	1.64	1.67

第3章　さあ、資産運用を始めましょう

(金額の単位:万円)

8年後	9年後	10年後	11年後	12年後	13年後	14年後	15年後	16年後	17年後	18年後
2013	2014	2015	2016	2017	2018	2019	2020	2021	2022	2023
25	26	27	28	29	30	31	32	33	34	35
67	68	69	70	71	72	73	74	75	76	77
64	65	66	67	68	69	70	71	72	73	74
469	478	488	497	507	517	528	538	549	560	571
	0	0	0	0	0	0	0	0	0	0
	0	0	0	0	0	0	0	0	0	0
	0	0	0	0	0	0	0	0	0	0
	0	0	0	0	0	0	0	0	0	0
	0	0	0	0	0	0	0	0	0	0
	0	0	0	0	0	0	0	0	0	0
	0	0	0	0	0	0	0	0	0	0
469	478	488	497	507	517	528	538	549	560	571
	0	0	0	0	0	0	0	0	0	0
	0	0	0	0	0	0	0	0	0	0
	0	0	0	0	0	0	0	0	0	0
300	300	300	300	300	300	300	300	300	300	300
300	300	300	300	300	300	300	300	300	300	300
-169	-178	-188	-197	-207	-217	-228	-238	-249	-260	-271
4,271	4,263	4,246	4,219	4,180	4,130	4,068	3,992	3,902	3,798	3,679
1.17	1.20	1.22	1.24	1.27	1.29	1.32	1.35	1.37	1.40	1.43

27年後	28年後	29年後	30年後
2032	2033	2034	2035
44	45	46	47
86	87	88	89
83	84	85	86
683	696	710	725
0	0	0	0
0	0	0	0
0	0	0	0
0	0	0	0
0	0	0	0
0	0	0	0
0	0	0	0
683	696	710	725
0	0	0	0
0	0	0	0
0	0	0	0
300	300	300	300
300	300	300	300
-383	-396	-410	-425
1,762	1,436	1,083	702
1.71	1.74	1.78	1.81

ハイリスク資産＝800万円　（比率　20%）

　前提としては、先ほどと同じく各リスクグループごとの運用利回りを下記のように設定しています。

　□ローリスク資産＝年率2.5%
　□ミドルリスク資産＝年率4.5%
　□ハイリスク資産＝年率8%

　資産全体の運用利回りは（2.5%×0.6）＋（4.5%×0.2）＋（8%×0.2）＝4%　となります。

　ハイリスク資産とミドルリスク資産の合計は、1,600万円と資産総額の40%を占め、多少高めに見えるかもしれません。しかしながらCさんの場合は上記でみたように、この1,600万円を最低でも13年間にわたって継続的に運用できるわけです。こう考えると、40%という比率Cさんにとってはは決して高すぎるとは言えません。

　この判断はCさんの「キャッシュフロー表」を作ることにより初めてできるわけです。仮にCさんの「キャッシュフロー表」を作成した結果、5年程度で資産残高が2,000万円を下回るようであれば、資産運用はもっと保守的に行なう必要があります。

　さらに、その場合は当然のことながら運用利回りは減少しますので、資産運用以外（たとえば、就労期間の延長などによる収入の増加、あるいは支出の削減）の方法でキャッシュフローを改善する必要が出てくるでしょう。

よく、60歳以上の資産配分は株は○％、債券は□％、預金は△％が好ましい、というような推奨パターンを目にしますが、あくまで目安として考えておいてください。いままで見てきたように、資産運用のスタイルというものは人それぞれ千差万別、本来違って当たり前なのです。
　どうぞお一人お一人ライフプランを設計し、ご自分にあった資産配分を考えるようにしてください。

　話をさらに一歩すすめましょう。
　上記のような方法で、各リスクグループごとの配分は終わりましたが、いよいよ次は具体的な投資対象の選別に入っていきます。

4 伝統的な4資産配分はもう古い！

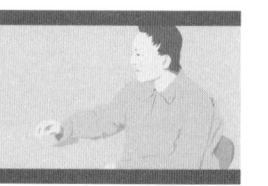

●株・債券・その他資産をどういう比率でもつか？

続いて、具体的な資産の配分はどのようにして行なえばよいか考えてみましょう。

分散投資という観点から見れば、一般的には下記のような配分が好ましいといわれています。
- ●日本円および海外通貨への配分
- ●株および債券への配分

このようにして配分を行なった資産は、結果的に

1. 日本株
2. 外国株
3. 国内債券
4. 外国債券

の4種類のグループに分けることができます。では、なぜこのような分類を行なうのでしょうか。理由は日本円と海外通貨、株と債券はそれぞれ逆の動きをする場合が多いからです。

たとえば、債券と株を7：3で持っていたとしましょう。仮に1,000万円のお金を持っていたとすると債券に700万円、株に300万円といった具合です。この状態で債券の価格が5％上がり、株の価格が10％下がったとしましょう。その結果、債券は735万円、株は270万円になります。

債券と株の合計は1005万円となり、めでたく価格変動を抑えることができたということになります。
　通貨の場合も基本的には同じ考えでいいのですが、ひとつ違うのは通貨は日本円対海外通貨という考え方に加えて、海外通貨を何で持つか、という考え方も必要になってくるということです。あらゆる国の通貨が一斉に下がるということはあり得ないのですが、どの国の通貨を選択するか、ということはきわめて重要です。
　この考え方をリスク度合いとあわせて表したものがグラフ3-⑦です。あくまでイメージですが、おおむねこのような感じになるのではないでしょうか。一般的には債券のほうが株式よりリスクは小さく、円建ての資産より為替相場の影響を受ける分、海外通貨建ての資産のほうがリスクが大きい傾向にあります。

　さらに従来は上記のような、日本株・国内債券・外国株・外国債

伝統的な4資産のリスク・リターンのイメージ（グラフ3-⑦）

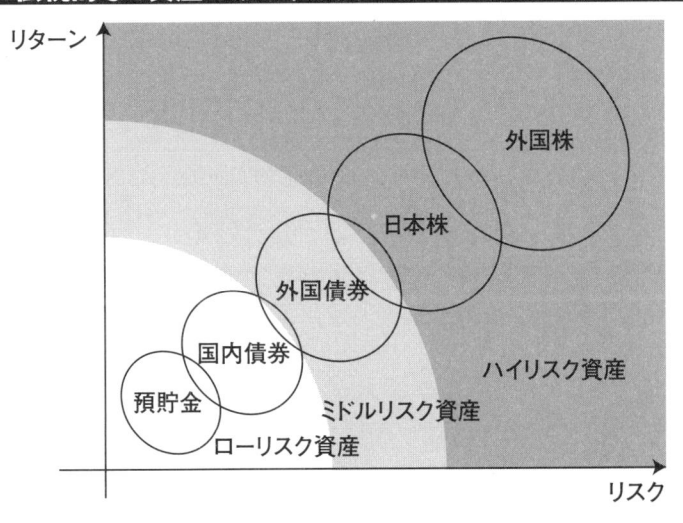

（縦軸：リターン、横軸：リスク）

- 預貯金／国内債券：ローリスク資産
- 外国債券：ミドルリスク資産
- 日本株／外国株：ハイリスク資産

券という伝統的な4資産のみへの分散でこと足りていたのですが、近年では株や債券以外にも新たな投資対象が続々と商品化されつつあります。たとえば、下記のようなものです。

●商品ファンド
●不動産投資信託（REIT）
●ヘッジファンド

これらの商品（株、債券以外の「その他資産」）を組み込むことにより、あなたの資産は一層安定度を増す可能性があります。

　私としては、読者の皆さんには上記の4種類の資産に加え、下記の2種類の資産への配分をお勧めしたいと思います。

5.日本のその他資産
6.海外のその他資産

　特にあなたの資産がある一定レベル以上の規模になってくると、上記の1〜4の伝統的な4資産への配分だけでは十分な分散効果を発揮しない場合があります。というのも、株にしろ債券にしろ日本と海外の市場は徐々にその連動性を高めており、（為替の影響を考慮に入れなければ）日本株と外国株、国内債券と外国債券の値動きの相関性は高まる傾向にあるからです（同じ方向に動く資産をいくら組み合わせても分散したことにはなりません）。

　さらに一般的には株と債券は逆の値動きをすると言われていますが、インフレに対する期待が高まると、将来の景気減速を先取りするかたちで株も債券と同時に下がる場面もでてこないとは言い切れません。

　加えて、多くの人口を抱える国々（ブラジル、ロシア、インド、中国など）がいま予想されているようなペースで経済的な発展を遂

げるとするならば、米国の著名投資家、ジム・ロジャーズ氏が言うように商品相場は継続的に上昇するシナリオも想定しておく必要はあるでしょう。

　これらの観点から、これから30年のロング・スパンで考えるなら伝統的な4資産配分に加え、商品ファンド、ヘッジファンド、REITやREITを組みこんだファンドなど「その他資産」をあなたの資産に組み入れる必要はあるでしょう。

　では、それぞれのグループには具体的にどのような金融商品が属するのでしょうか。一般的にわたしたち個人投資家が簡単に購入できる商品として、下記のようなものがあります。

1. 日本株 ── 日本の現物株、日本株を対象とした株式投資信託、ＥＴＦ（特定の株価指数に連動することを目的に組成された上場投資信託）など
2. 外国株 ── 外国株、外国株を対象とした株式投資信託、海外の株価指数を対象としたＥＴＦなど
3. 国内債券 ── 国債（個人向け国債を含む）、社債、地方債、国内債券を対象とした債券型投資信託など
4. 外国債券 ── 外国政府、国際機関、外国企業などが発行する債券、外国債券型投資信託、外貨建てＭＭＦなど
5. 日本のその他資産 ── 商品ファンド、国内REIT（J-REIT）、国内REITを組み込んだファンド・オブ・ファンズ、（日本版）ヘッジファンドなど
6. 海外のその他資産 ── 海外REITを組みこんだファンド・オブ・ファンズ、ヘッジファンド、ファンド・オブ・ヘッジファンズなど

5 マトリックス・アロケーション表を利用して自分自身の資産配分プランを立てる

　再度104ページの表3-①をご覧ください。この表は私がコンサル用にふだん使っている資産配分表です（マトリックス・アロケーション表と呼んでいます）。リスクによる資産配分と、株・債券・その他の資産、通貨による資産配分がマトリックス状に一覧できるようになっています。

　たとえば、外国債券を対象にした投資信託は、ミドルリスク資産の外国債券に当てはまります。変額年金保険などのように組み入れるファンドによって、ミドルリスク資産の国内債券、ハイリスク資産の国内株式、ミドルリスク資産の外国債券、ハイリスク資産の外国株式というように、いくつのもボックスに分類される商品もあります。この場合は、便宜的にこれらの資産に対し均等に分配して計算するとよいでしょう。

　また、商品ファンドやヘッジファンド（第5章で詳しく説明します）はそのファンドがとっている投資手法によって、ハイリスク資産に分類される場合もあれば、ミドルリスク資産に分類したほうがよい場合もあります。これらの商品については、各商品の中身まで踏み込み、実態に即して分類するほうがよいでしょう。

　ここでもう一度、109ページのＣさんの例に戻りましょう。

　上記の例では、Ｃさんの退職時の資産総額4,000万円を、下記のように配分するというように考えました。

ローリスク資産＝2,400万円（比率　60％、目標利回り　年率2.5％）

ミドルリスク資産＝800万円（比率　20％、目標利回り　年率4.5％）

ハイリスク資産＝800万円（比率　20％、目標利回り　年率8.0％）

　ためしに、これらの資産を具体的な金融商品に配分してみましょう。これは、あくまでひとつの例ですが、ローリスク資産に配分した2,400万円のうち500万円を銀行の普通預金へ、定期預金に900万円、残り1,000万円は個人向け国債を購入するとします（個人向け国債は原則購入後1年間は売却が認められていません。したがって、万が一に備え生活費の1年分程度はすぐに換金できる普通預金等で持っておく必要があります）。

　ミドルリスク資産とハイリスク資産は世界のREITに分散投資する投資信託（ファンド・オブ・ファンズ）を200万円、ユーロ建て、米ドル建てのMMFをそれぞれ100万円ずつ、変額年金保険を400万円、日本株に300万円、中国株を対象にした投資信託に300万円、さらに商品ファンドに200万円という具合に配分したとしましょう（商品ファンドはあまりリスクをとらない運用手法の商品だと仮定します）。

　この場合、マトリックス・アロケーション表は表3-⑧（次ページ）のようになります。

マトリックス・アロケーション表（表3-⑧）

	国内通貨			外国通貨			合計
	債券	株式	他	債券	株式	他	
ローリスク資産	個人向け国債 (1,000万円)		普通預金 (500万円) 定期預金 (900万円)				2,400万円
ミドルリスク資産	変額年金保険 (100万円)		商品ファンド (200万円)	変額年金保険 (100万円) 外貨建MMF (200万円)		REITファンド (200万円)	800万円
ハイリスク資産		変額年金保険 (100万円) 日本株 (300万円)			変額年金保険 (100万円) 中国株ファンド (300万円)		800万円
合計	1,100万円	400万円	1,600万円	300万円	400万円	200万円	4,000万円

横軸の合計欄をご覧ください。それぞれ、

ローリスク資産＝2,400万円

ミドルリスク資産＝800万円

ハイリスク資産＝800万円

となっているのことをご確認ください。

一方、縦軸の合計はどうなっているでしょうか？　それぞれ、

国内債券＝1,100万円

国内株＝400万円

国内その他＝1,600万円（預金/キャッシュ1,400万円を含む）

外国債券＝300万円

外国株＝400万円

外国その他＝200万円

となっています。

これらの資産の配分状況を円グラフで表すと、グラフ3-⑨、グラフ3-⑩のようになります。

第3章　さあ、資産運用を始めましょう

資産の配分状況（グラフ3-⑨〜⑬）

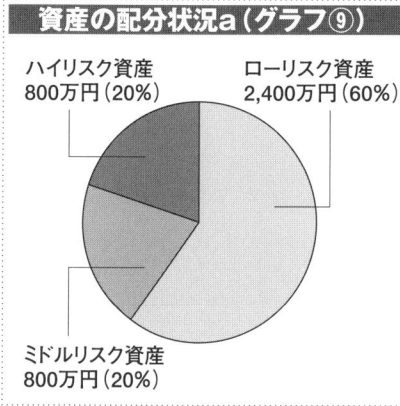

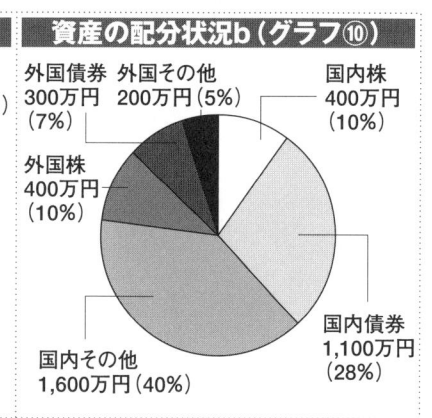

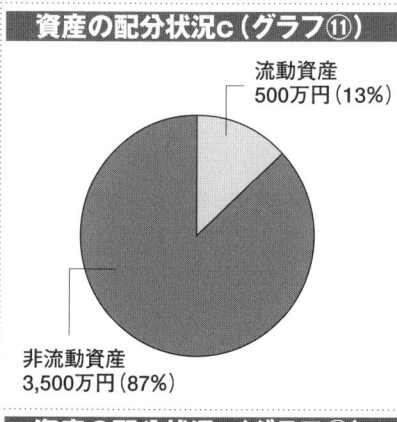

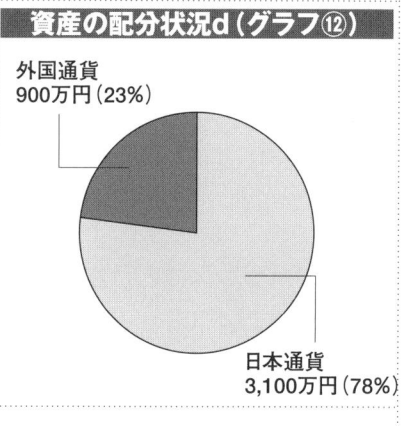

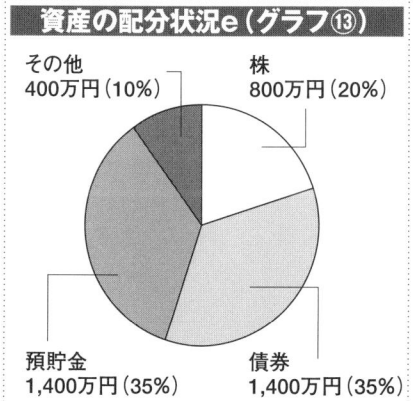

資産の配分状況a（グラフ⑨）

- ハイリスク資産　800万円（20%）
- ローリスク資産　2,400万円（60%）
- ミドルリスク資産　800万円（20%）

資産の配分状況b（グラフ⑩）

- 外国債券　300万円（7%）
- 外国その他　200万円（5%）
- 国内株　400万円（10%）
- 外国株　400万円（10%）
- 国内債券　1,100万円（28%）
- 国内その他　1,600万円（40%）

資産の配分状況c（グラフ⑪）

- 流動資産　500万円（13%）
- 非流動資産　3,500万円（87%）

資産の配分状況d（グラフ⑫）

- 外国通貨　900万円（23%）
- 日本通貨　3,100万円（78%）

資産の配分状況e（グラフ⑬）

- その他　400万円（10%）
- 株　800万円（20%）
- 預貯金　1,400万円（35%）
- 債券　1,400万円（35%）

さて、一応のバランスを考えて上記のように配分を行なったのですが、この配分が適切に行なわれているかどうか、改めて検証作業をしてみましょう。

●流動性は確保されているか？
　グラフ3-⑪をご覧ください。流動性資産の占める比率は13％（金額ベースでは500万円）となっています。なお、ここでは個人向け国債は購入後1年を経過するまでは原則換金できないので、流動性資産には含めていません（したがって、流動性資産は普通預金の500万円のみとなります）。
　おおよそ年収の1年分を流動性資産に配分できており、まず問題ないといえるでしょう。

●通貨のバランスはどうか？
　グラフ3-⑫のとおり、日本円の占める割合は約78％となっています。多少日本円の比率が高いような気もしますが、許容範囲といえるでしょう。

●株、債券、その他資産のバランスはどうか？
　グラフ3-⑬をご覧ください。株と債券がそれぞれ20％、35％です。伝統的なこれらの資産はやや多めに配分されておりますが、適正レベルの範囲といえます。

　一方、その他の資産（なかみは、商品ファンド、REIT）は10％

とやや少なめですが、今後の経済状況によっては増やしてもよいでしょう。

　以上のような観点で検証を行なった結果、Ｃさんにとって表3-⑧の配分は、まずは適切なアセット・アロケーションであると判断できます。

　さて、このアセット・アロケーションですが、そもそも正解というものがあるのでしょうか？　上記のＣさんの例で言えば、たとえば日本円と外国通貨の比率をどうするか、という点や株、債券、その他資産の比率をどうするか、といったポイントです。
　私自身は少なくとも今後数年間の経済環境を想定しながら設計するようにしていますが、それだけでは決めてしまうのはなんとなく違和感が伴うのです。
　いったん設計したアセット・アロケーションは少なくとも次回見直しを行なうとき（私自身は年一回程度のメンテナンスをお勧めしていますが）までは付き合うことになります。人は結局のところ自分の考え方に"しっくりこない"ものとは長く付き合えないという特性があるのでしょうか。

　いくら理論的にすばらしいアセット・アロケーションを作ったとしても、結局その人の性格に合わないものではどこかで無理が出てしまうようです。私自身は、相談者の性格や考え方をできるだけ尊重し、無理なく長くお付き合いができるアセット・アロケーションを作るという点に配慮するようにしています。そういう意味ではアセット・アロケーションの設計は属人的要素が多く、なかなか正解

を見出せない分野のようにも思えます。

　さて、以上のステップでCさんに最適なアセット・アロケーションが完成したとしましょう。次に考えるのはいよいよ具体的な金融商品選びです。
　次章では、この部分について説明をしていきましょう。

第4章
本当の意味で、あなたにとって有益な金融商品を選びましょう

1 誰かの"儲け"は、あなたの"損"

　世の中にはさまざまな金融商品があります。また、そういった商品の販売を生業としている人たちも大勢います。

　そもそも金融商品の売り手というのは、どのような商品を売りたがるのでしょうか？　ご商売の経験のある方ならおわかりでしょうが、よほど高潔な人格を持っていない限り、どうしても利益率の高い商品、売りやすい商品を売りたがるものです。ここには買い手が儲かるかどうかという考えが入る余地はほとんどありません。

　世の中が仮に"儲けと損の合計がゼロ"というルールで成り立っているとするならば、誰かの"儲け"は必ずあなたの"損"になっていることになります。こういう観点から見れば、売り手にとって儲かる商品（言い換えれば、売り手が勧める商品）は買い手が損をする商品と言ってもよいのかもしれません。

　特に、定年退職者はまとまったお金を持った顧客として最も狙われすいターゲットです。ぜひこのようなことを頭に置いて金融商品の売り手と付き合うようにしてほしいと思います。

　とは言え、いままで見てきたように資産を運用することは、あなたの今後30年の生活を防衛するという意味で、非常に重要な意味合いがあることも事実です。つまり、"売る側にとって"ではなく、"あなたにとって"有益な商品を選択することこそが重要なのです。

　では、どのようにしてその金融商品を選べばよいのでしょうか？

第4章　本当の意味で、あなたにとって有益な金融商品を選びましょう

　実は、突き詰めて考えれば、答えは二つしかないことに気づきます。
　ひとつは、ご自分で勉強を重ね金融商品をお選びになる眼力を養うこと。
　もうひとつは、信頼の置けるアドバイザーを見つけることです。
　幸いにして、あなたが団塊の世代のお一人だとすれば（そもそもこの本は団塊の世代を意識して書いていますが）、定年退職まであと3年はあることになります。日々わずかの積み上げであっても、3年もたてば実戦で使えるレベルまで高めることも不可能ではありません。ぜひ興味を持ってこのテーマに向き合っていただければと思います。

② 資産は"分散"さえすればいいのか？

　一般的によく言われているように、「卵をひとつのカゴに盛らない」ことはとても重要です。投資の世界では「価値が異なった動きをする複数の資産に分散投資をしてリスク（バラツキ）を抑える」ということが重要になるわけです。しかし、この分散投資がしばしば間違った意味で使われ、特に金融商品を売る側の立場の人から"自分たちにとって売りたい商品を勧める"ためのレトリックとして使われるケースをよく目にします。
　はたして、"分散"さえしておけばよいといえるのでしょうか？

　グラフ4-①をご覧ください。互いにまったく逆に動く2つの金融商品、商品Aと商品Bの値動きと、両方を合算した資産の値動きを表したものです。結果的に、商品Aと商品Bの値動きが打ち消しあうことによって、合算された資産はまったく値動きがない非常に安定した資産になっています。また、商品Aまたは商品Bのいずれかが万一消えてなくなったとしても、被害は半分ですみます。
　そういう意味でこの組み合わせはリスク（バラツキ）を抑えることには十分役立っているのですが、収益率という観点で見るとどうでしょうか？　商品Aと商品Bを合算したものの価格はまったく上がっていないですよね。
　これに対し、グラフ4-②を見てください。4-①と同じく商品A、商品B、両方を等分で組み合わせた資産の値動きを表したものです

分散投資・a（グラフ4-①）

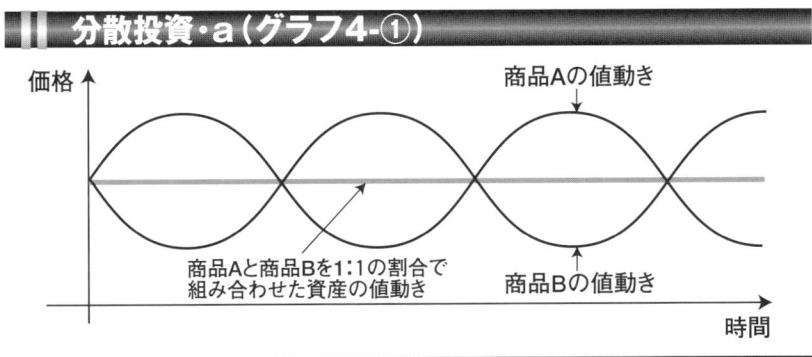

価格 ↑
商品Aの値動き
商品Bの値動き
商品Aと商品Bを1：1の割合で組み合わせた資産の値動き
→ 時間

分散投資・b（グラフ4-②）

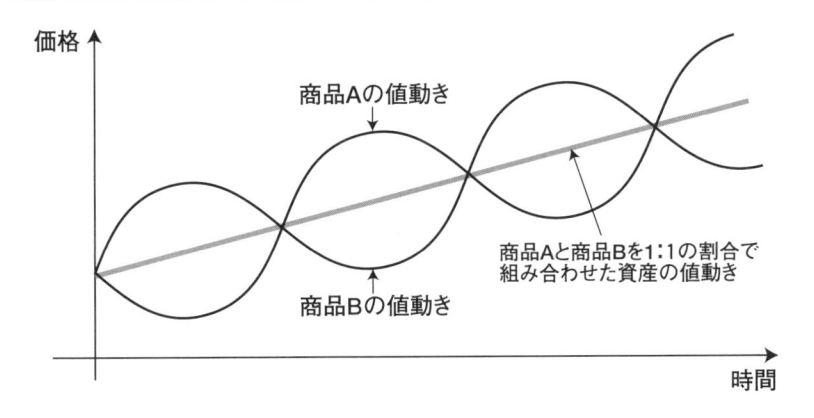

価格 ↑
商品Aの値動き
商品Bの値動き
商品Aと商品Bを1：1の割合で組み合わせた資産の値動き
→ 時間

が、商品Aも商品Bも値動きを繰り返しながら右肩あがりで価値が増えていっています。この場合では商品Aの値動きと商品Bの"値動きのみ"が打ち消され、その結果、それぞれが持っている上昇トレンドは残されることになります。

いくら値動きがを小さくすることができても、収益をあげることができないならキャッシュで持っておいたほうが無難です。要するに分散投資は文字どおり資産を"分散"するだけでは何の意味もありません。分散することによって値動きを小さく抑えながら"収益"を取りにいくことに本来の意味があるわけです。

ポイントは、

1. 逆の動きをする（理想的には正反対の動きをすることが望ましいですが、現実の金融商品では正反対の動きをする2商品を探すのは困難です。この場合は、2商品の値動きが互いに相手の値動きとは関係なく動く、という程度でもよしとしましょう。）
2. 価値が逓増していく

の2点です。これら2商品を組み合わせて持つことにより、あなたはリスクを抑えながら、それぞれの商品が持っている収益のみを取り出すことができるわけです。

　以上は2商品に分散投資した場合の例ですが、3つ以上の商品への分散投資を考えた場合にもまったく同じことが言えます。
　多少複雑ですが3つ以上の各商品の値動きを合成した場合でも、とにかく値動きが小さくなればよいわけです。統計学では値動きの連動性を「相関係数」（－1から＋1の値をとります）という数値で表現することができます。互いに相関係数が小さい複数資産をうまく組み合わせれば、それぞれの資産を単独で持つより値動きを小さく抑えることができます。

③ 株式投信は買いか？

　さて、以上の観点でたとえば「株式投資信託」という金融商品について考えてみたいと思います。よく証券会社（いまは銀行の窓口でも売っていますが）の営業マンが「株式投信は複数の銘柄を組み入れていますから分散投資ができて有利です」といううたい文句を使いますが、本当にそうでしょうか？

　このセールストークの半分は正しいのですが、半分はウソです。たしかに、複数（しかも多くの）の銘柄に分散投資していることは事実です。しかし、資産を増やすという観点で見た場合、この分散投資は本来の目的を達成しているといえるのでしょうか？
　ここにモーニングスター社（有価証券に関する調査・分析を行なっている運用調査会社です）のFund Investorという調査レポート（2004年10月から発行されており、書店で入手できます）があります。このレポート（2005年4月号）によれば、同社が選定する「モーニングスター200」ファンドのうち日本株を投資対象とした（インデックス運用されているものを除く）40銘柄（5年以上運用期間のあるファンドに限る）のうち、直近5年間のトータルリターンがプラスになったものはわずか5銘柄にすぎません（もっともこの間、日本を代表する株価指数であるTOPIXも年率平均で－7.04％となっていますが）。
　このデータは65銘柄のみの実績ですが、さらに幅を広げるとど

うなるのでしょうか。同じくモーニングスター社が独自の基準で選定した大型の株式投信311銘柄（おなじくインデックス運用された銘柄を除きます）を見た場合、過去5年の年間リターンの単純平均は－5.17％（筆者計算）となっています。これに対し、同時期のTOPIXの年間リターンは上記のように平均で－7.04％です。かろうじて、株式投信の平均値はTOPIXを上回っていますが、その差は年率でわずか1.87％にすぎません（しかも、これらの311銘柄は5年以上生き残った比較的もちのいいファンドです）。

　はたして、これをもって株式投資信託は分散投資の有効な手段だといえるでしょうか？　たしかに、お手軽に多くの銘柄に投資を行なうことはできますが、収益性の点を見れば現物株をランダムに買った結果と大差がない、という見方もできるわけです。さらに株式投資信託の場合は購入時に販売手数料も取られることになります。もし、分散投資の本来の意味が上に書いたように「値動きを極力抑えつつ、収益性を確保する」ということにあるとすれば、株式投資信託は現物株投資に比べ取り立てて意味のあることではないようにも思います。

　では、このような株式投資信託の構造のどこに問題があるのでしょうか？　一言で申し上げれば、"株式投信がコストにみあった仕事をしていない"といところにあるのではないでしょうか。
　投資家が株式投信を購入し、保有する場合それぞれ費用が発生します。まず、購入の際、販売会社に対し「販売手数料」として購入金額の1.5％～3％程度支払い、その後の保有に対し年間で0.5％～

第4章　本当の意味で、あなたにとって有益な金融商品を選びましょう

3％程度の「信託報酬」が自動的に差し引かれていきます。要するに売買し、かつ保有するに際し結構大きなコストが発生するわけです。たとえコストが高くても、商品自体がよければ問題はないのですが、過去の実績を見る限り、まことに残念な結果といわざるを得ません。

　一言で申し上げると、現在の株式投信は売る側にとっては意味があっても、買う側にとっての意味はそれほどないように思いますが、皆さんこの結果についてどう思われますか？

　私自身は上記のような理由で株式投資信託を皆さんの資産に組み入れる、ということはあまりお勧めしていません。では、資産を分散するという観点で考えた場合、何に投資をすることがのぞましいのでしょうか？

④ 原商品を買い付ける知識をもてば……

　その前に皆さんは、ご自分がお持ちの金融商品が"製造工程"のうちどの段階の商品か、考えたことがありますか？
　唐突に意味不明なことを書いてしまってすみません。たとえば、こういうことです。
　電卓の製造ラインをイメージしてみてください。
　まず、電卓に組み込まれる半導体や液晶画面、テンキーのボタンなどが外部の部品メーカーから調達されてきて、工場のなかの棚にいったんパーツとしてストックされます。次にそれぞれのパーツはベルトコンベアに乗せられ、さらに組み立て用のロボットに供給されていきます。パーツ類はベルトコンベアの上を進むにつれ、ロボットによって次々と組み上げられ徐々に完成品に近づいていくというわけです。
　上記のような工程をすべて通過した製品は"電卓"として出荷され、店頭に並べられることになります。勘のいい人はお気づきだと思いますが、金融商品も同じですね。
　たとえば「変額年金保険」という保険商品を例にとってみましょう。この商品は保険という言葉はついていますが、元をたどれば「株」や「債券」です。これらの「原商品」（ここでは「株」や「債券」を指します。上記の電卓の例にとれば半導体のチップや液晶画面などの原材料や部品に相当するわけです）を外部から調達してきて運用会社がいったん加工したものが「投資信託」になります。

おわかりでしょうか？　原商品であるところの「株」や「債券」が投資信託の運用会社の手によって「投資信託」という商品にいったん加工されるわけですね。ここでは小額で多くの原商品に同時に投資できるという付加価値がつきました。

　次に登場するのは、生命保険会社というロボットです。彼らは「投資信託」としていったん加工された商品（中間商品）を「変額年金保険」という最終製品に加工していきます。「変額年金保険」はいくつかの「投資信託」の集合体で、契約者がそのなかで自由にスイッチできるようにこしらえ直した商品です。さらに、契約期間中に契約者（保有者）が死亡した場合、契約時の元本が保証されるといったような保険商品としての価値も加えられています。この工程では、保険機能やスイッチング機能という付加価値が加わるわけです。

　以上が「株」や「債券」というパーツから「変額年金保険」という最終製品が作られるまでの工程です。ここでもう一度、皆さんが持っている金融商品が"製造工程"のうちどの段階の商品か考えてみてください。

　製造ラインの後ろの工程に進むに従って、いろいろな付加価値が加わります。たとえば、上の「変額年金保険」の例で申し上げれば、繰り返しになりますが、

●小額で多くの原商品を組みこむことができる
●自由にファンド（組み込まれた投資信託）間でスイッチができる
●保険機能がついている

などです。一方で、工程が進むに従って、各工程での経費と利益が

上乗せされます。

　上記の例で見ると、
●投資信託の運用会社の取り分は一般的には　年間　0.5%〜3%程度
●生命保険会社の取り分は一般的に　年間　1.5%程度
といったところでしょうか。
　仮にあなたが、株や債券などの原商品を買い付けられる眼力があるなら、上記のようなコストは支払わなくてもすみます。また保険機能が欲しければ、個別に割安の掛け捨て型の商品で保険部分を手当てするという選択肢もあるわけです。

　世の中の金融商品は多くの場合、このような原商品と加工品の関係が成り立ちます。大切なのは、
●その商品が製造工程のどの段階の商品なのか
●その工程にある商品をあえて購入する"意味"は、はたしてあるのか
●その商品を購入する際のコストは、その加工度合い（完成度合い）と比べ支払うに値するのか
●その製造ライン上にもっと有利な商品はないか
などについて購入の前にゆっくりと吟味することです。世の中で市販されている金融商品というものは、複雑で理解困難なものほど加工度合いが進んだ商品が多いものです。その商品の加工工程につき、明快に理解できない商品は元来買ってはいけない商品なのです。

5 元本確保型商品は自分でつくれる

　日本人は、この「元本確保型」という言葉に弱いですね。よくある"満期（10年とか15年とかの長期の場合が多いです）まで持てば、米ドルベースで払い込みの元本を保証します"という例の商品です。この手の商品も上記の"原商品は何か"という観点で見れば商品としての良し悪しが見えてきます。

　これらの商品は多くの場合は、ゼロクーポン債がベースになっています。ゼロクーポン債というのは、一種の割引債券で、たとえば額面100の債券を額面以下で購入することができるようになっています。投資家から見た場合、利息を受け取れない代わりに、額面より安い価格で購入することができます。たとえば米国政府が発行するゼロクーポン債の場合、償還期限（いわゆる満期）まで10年のものの場合、でおよそ65単位程度で額面100単位の商品を買い付けることができます（2005年4月現在）。

　上記のような元本確保型の商品は、投資家から集めたお金のうちたとえば65％を残存期間が10年の米国ゼロクーポン債に投資し、残りの35％部分で積極運用を行なうといった仕組みです。仮に積極運用部分をすべてすってしまっても、10年後に65％部分のゼロクーポン債が100になり、結果として投資家に対し元本は支払えるわけですね。この場合、この商品の運用会社には一切のリスクはありません。

また、ゼロクーポン債を使うと、同様の方法で元本の120％確保や150％確保の金融商品なども簡単につくることもできます。
　さらに、この仕組みを利用すると、私たち個人でも自分の資産の元本を（外貨ベースで）確保しながら、ある程度の収益を取りにいくことができます。方法は上記の商品と同じで、ご自分の資産のうち65％程度で残存期間10年のゼロクーポン債を購入し、残りの35％を積極運用すればよいわけです（ただし、ここでは税金について考えないこととしています）。
　さらに長期で運用できる方は、残存期間のもっと長いゼロクーポン債を買っておくといいですね。その分、積極運用にまわせるお金は増えることになりますから（たとえば、米国政府が発行する残存期間18年・額面100単位のゼロクーポン債の2005年4月現在の価格は40単位程度です。あなたの資産全体の40％でゼロクーポン債を買っておけば、18年後に米ドルベースで元本は確保できることになります、ただし、米国が破綻しない限りですが……）。
　このように"原資産"を直接買う知識さえあれば、保険会社や証券会社に手数料を取られることはありません。「元本確保型」商品にむやみに飛びつく前に、広い視野で資産運用を考えてみてはいかがでしょうか。

　以上、皆さんが金融商品を選ぶに際し、注意していただききたいことをいくつか挙げました。

第5章
この商品は検討に値する!

この章では引き続き、皆さんの資産を長期運用するという観点で見た場合、今後ぜひ勉強していただきたい金融商品を、私自身の判断でいくつか挙げさせていただきます。これらの商品は決して現在は一般的なものではないかもしれません。いや、むしろ一種のキワモノ的な商品、多少危険な香りがする商品、まだまだこれからの商品といえるかもしれません。

　私自身は今マネー雑誌などで頻繁に取り上げられている金融商品をここであらためて取り上げるつもりはありません。なぜなら、私がこの本でわざわざ取り上げなくても、他に多くの書物で皆さんは勉強する機会があると思うからです。

　私自身は、あえて上記のようにまだ皆さんに十分に認知され、理解されていない商品、にもかかわらず、長期投資という観点で見た場合、意外と安定して手堅いパフォーマンスをあげられる可能性のある商品。こういった金融商品にスポットを当ててやり、多少なりともそれが皆さんのお役に立てればと思っています。そういう観点で以下の金融商品をご紹介したいと思います。

① 商品ファンド

　皆さんは、商品ファンドと聞くとどのようなイメージを思い浮かべますか？　おそらく相当危険なイメージをお持ちではないでしょうか？

　以前、私の相談者の方に商品ファンドのお話をしたところ、その方は「それって投資したお金がゼロになるだけでなく、追加でお金をとられることもあるんでしょう？」と言われました。商品先物取引と勘違いされていたわけです。これが一般的な商品ファンドに対する認識かもしれませんね。

　商品ファンドは商品先物取引とは違い、その名が示すとおりファンド型の商品です。投資信託が株や債券を対象にしたファンド（大勢の投資家から小口の資金を集め、まとめて運用を行なうことにより収益をあげ、出資比率に応じて投資家に収益を配分する商品）であるのと同じく、商品ファンドは対象を"主に"商品としたファンドのことです。ファンドは投資家から小口の資金をあつめ、ＣＴＡと呼ばれる運用会社に運用を一任します（図5-①＝次ページ参照）。得られた収益は分配金として投資家に還元される仕組みになっています。

　では、商品ファンドの"商品"とは、いったい何でしょうか？　金・プラチナ・パラジウムなどの貴金属類、トウモロコシ・大豆などの穀物類、原油・ガソリン・天然ガスなどのエネルギー類を指し

商品ファンドのイメージ（図5-①）

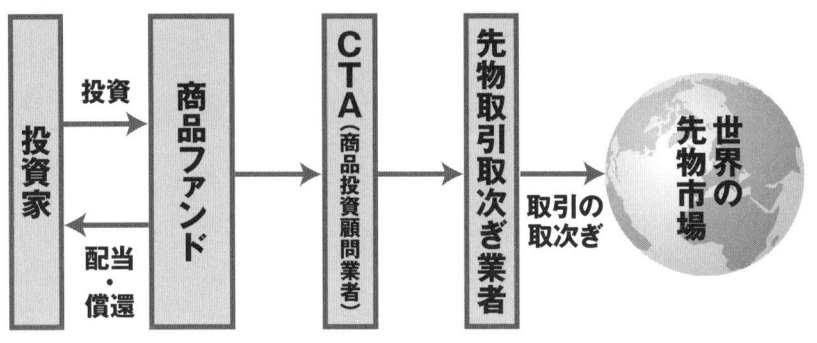

```
投資家 →投資→ 商品ファンド → CTA（商品投資顧問業者） → 先物取引取次ぎ業者 →取引の取次ぎ→ 世界の先物市場
       ←配当・償還←
```

出所：社団法人　日本商品投資販売協会の資料をベースに筆者が簡略化して作成

ますが、商品ファンドが投資対象とする商品は上記のような商品（いわゆるコモディティ）だけではありません。金利・為替といった金融先物系商品も一定の割合で投資対象に組み入れることができます。

さて、この商品ファンドですがどうのような特徴があるのでしょうか。続いて見ていくことにしましょう。

●株や債券などとほぼ関係なく値動きする

上記のように一定の割合まで証券・金融系の先物も組み入れることができますので、厳密に言うと株・債券とまったく無関係に動くとは言い切れません。しかしながら、「株と株式投資信託」や「債券と債券型の投資信託」に比べ、「商品ファンドと株・債券」では値動きの相関性はかなり低いといえます。

第3章でもご紹介しましたが、一般的には反対に値動きをする（あるいは無関係に動く）複数の金融商品を組み合わせると、あなたの資産の値動き（いいかえればリスク）は低く抑えることができ

ます。特に、金融資産の残高がある程度大きくなってくると、株・債券といった伝統的な金融商品だけでは、十分な分散効果をえられない場合があります。商品ファンドを資産に組み込むことによって、あなたの資産の値動きをさらに小さくすることができるというわけです。

●絶対リターンを追求する商品

「商品ファンド」もファンドという意味では、株や債券を投資対象にした伝統的な投資信託と同じですが、大きなな違いは"絶対リターン"を追求するという点にあります。株や債券を投資対象とした（伝統的な）投資信託は必ずしも投資家に利益をもたらす事を運用目標にしていません。これらが目標にしているのは、たとえば日経225やTOPIXなどのベンチマーク（ファンドが比較対象として設定した指数）です。極端な話、ベンチマークにさえ勝っていれば投資家が儲けようが、損をしようがあまり関係ありません。つまり目指すところは"相対リターン"なのです。

これに対し、商品ファンドやヘッジファンド（あとでご紹介します）には一般的にベンチマークはありません。つまり、そのファンドが投資家に対して収益をもたらすかどうかといった"絶対リターン"の世界で勝負をしているわけです。

話のついでに、伝統的な投資信託との違いについて、あとひとつご紹介しましょう。

投資信託は「投資信託協会」のガイドラインがあり、"売り"を主体に運用することは認められていません（厳密には、そのファン

ドの資産総額と同じ金額までしか、空売りは認められていません）。つまり伝統的な投資信託の場合には、株や債券の下げ相場においては、どんなに優秀なファンドマネージャーに運用されていたとしても、相場に追随して下げざるを得ない宿命にあるといえます。

　早い話が株や債券を持ち続け、嵐が過ぎ去るのをひたすら待つしかなかったわけですね。

　これに対し、商品ファンドは"売り"を積極的に組み入れて運用するのが一般的です（1991年に成立した「商品ファンド法」が商品ファンドの根拠となる法律になっていますが、同法の規定には上記のような空売りに対する規制はありません）。したがって、投資信託と違い商品先物相場が下げても、ファンドの収益の悪化には直結しません。このあたりが伝統的な投資信託に満足できないお金をヘッジファンドや商品ファンドが吸引しつつある理由のひとつと言えるでしょう。

●販売しているのはこんな会社

　商品ファンドの歴史はけっこう長く、1988年に大手商社によって輸入販売されたものが最初です。その後、商社・リース会社・商品取引業者が参入し、平成16年現在ではおよそ30社が販売しています。現在のプレーヤーは大まかに、
●商社系（三菱商事・三井物産など）
●リース・証券会社系（オリックス・入や萬成証券など）
●商品先物業者系（岡藤商事・日本ユニコムなど）
というように分けることができます。

裁定取引のイメージ（グラフ5-②）

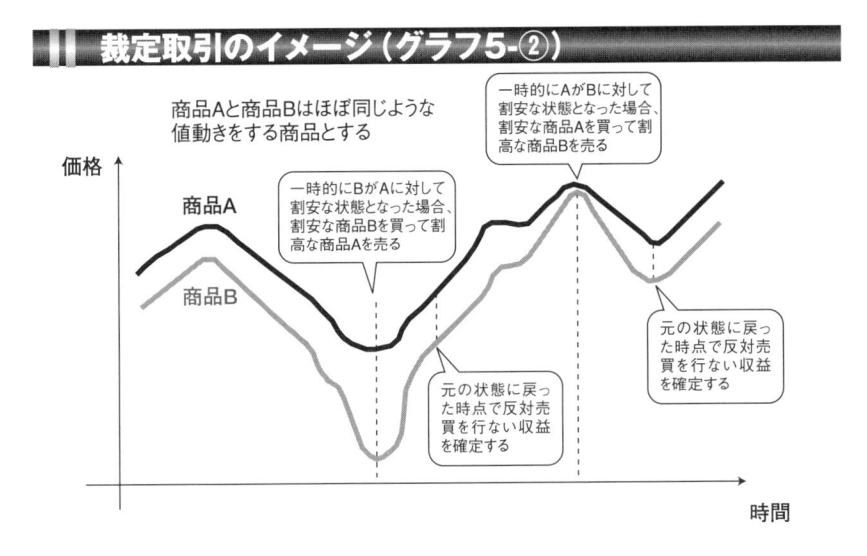

商品Aと商品Bはほぼ同じような値動きをする商品とする

一時的にBがAに対して割安な状態となった場合、割安な商品Bを買って割高な商品Aを売る

一時的にAがBに対して割安な状態となった場合、割安な商品Aを買って割高な商品Bを売る

元の状態に戻った時点で反対売買を行ない収益を確定する

元の状態に戻った時点で反対売買を行ない収益を確定する

価格／時間／商品A／商品B

●商品ファンドといってもさまざまな運用手法がある

　多少専門的な話で恐縮ですが、商品ファンドはそれぞれの銘柄ごとに異なった運用手法を持っています。大ざっぱにいえば、

●トレンドフォロー型（過去の相場の流れから今後の相場のトレンドを予測し、そのトレンドが継続するという観点で行なう売買により収益をあげる手法）

●裁定取引型（類似した値動きをする2つの商品の"値動きの歪み"を利用してサヤを抜く手法）＝グラフ5-②参照

●オプション売買型（先物の売る権利・買う権利＝これをオプションといいます＝の売買によって収益を上げる手法）

の3つの手法に大別することができます。

　トレンドフォロー型は商品ファンドの代表的な運用手法です。商品先物相場の過去の値動きを分析し、過去の値動きに基づいて将来

の値動きを推測し大きくポジションを傾ける手法です。ファンドマネージャー（運用担当者）の読みに依存する部分が大きく、当たれば大きな収益が得られる反面、はずれれば大きな損失を出す場合もあります。値動きの幅が大きいハイリスク・ハイリターン型の商品と言えるでしょう。

　裁定取引型はグラフ5-②のように、いわゆる"市場の歪み"に着目した取引手法です。歪んだ価格形成がいずれ旧に復すると見て先回りをしておくわけですね。わずかな市場の歪みを利用するわけですから、それほど目立った収益を上げることはできません。
　一方では、比較的安全性が高く手堅い運用手法だと言えるでしょう。この運用手法を利用したファンドはミドルリスク・ミドルリターンといっても差し支えないと思います。ただし、レバレッジ（ヘッジファンドのところでご説明します）のかけ方しだいで、リスクが高くなる可能性がありますので、その点は注意してください。

　オプション売買型に分類される銘柄は、現在では日本ユニコムの「オプション・マスター」しか存在しません。なぜなら、このオプション取引という手法を商品ファンドに持ち込んだ（2004年6月に設定）のが日本ユニコムだからです。このファンドは米国に拠点を置くＣＴＡ（商品投資顧問業者）が商品市場や金融市場におけるオプション取引（売る権利、買う権利の売買）で運用しています。

●**商品ファンド以外にも商品を投資対象にしたファンドはある**

　上記のファンドはいずれも、1991年に成立した、通称「商品フ

ァンド法」でいうところの商品ファンドです。商品ファンドの値動きは必ずしも商品相場の値動きに連動するとは限りません。あなたの資産の中に商品の値動きを組み込むという趣旨で考えるとすれば、これらの商品ファンド以外にも投資対象を広げたほうがよいかもしれません。

　たとえば、その代表格が、大和証券が販売する「ダイワ・コモディティインデックス・ファンド（愛称　ジム・ロジャーズ世界探険記）」です。この商品は上記のような商品ファンドとは違い、商品先物に直接投資する手法で運用されています。つまり、商品先物相場に追随して値動きが上下するわけです。ジム・ロジャーズ氏（注）が言うように、今後十数年間は商品相場が買いだと思われる方にとっては、大変おもしろい金融商品だと思います。

（注）：ジム・ロジャーズ氏　1970年、27歳のときにヘッジ・ファンド「クォンタム・ファンド」を創設。わずか10年間で4200％のリターンを上げた米国のカリスマ投資家。1980年に同ファンドを離れ、その後は自らの資産を運用しつつ、世界116カ国をバイクやベンツで冒険。

●**商品ファンドのリスクについて**

●先物取引のリスク……商品ファンドにとって商品先物取引は運用手法のすべてではありませんが、特に上記のトレンドフォロー型の運用手法をとる銘柄は商品先物の値動きによって、大きな利益をあげるチャンスもありますが、同時に大きな損失を被る危険性

商品ファンド 月次運用成績（2005年2月度）（表5-③）

商品ファンド名	追加型	販売日	償還日	販売業者
円建積極運用型				
YFオープンファンドⅠ	○	1998/4/27	2006/3/31	豊商事
アセットトライ	○	1999/2/26		三井物産、三井物産フューチャーズ、イー・コモディティ、新日本商品
四天王（プラチナ・世界型）	○	1999/9/28		オリンピックゴールド、カネツ商事、北辰商品、北辰物産、
四天王（プラチナ・国内型）	○	1999/9/28		オリンピックゴールド、カネツ商事、北辰商品、北辰物産、
四天王（金・国内型）	○	1999/9/28		オリンピックゴールド、カネツ商事、北辰商品、北辰物産、
四天王（金・世界型）	○	1999/9/28		オリンピックゴールド、カネツ商事、北辰商品、北辰物産、
龍神（HUB FUND型）	○	2000/10/27		アストマックス、今村証券、オリンピックゴールド、カネツ商事、
龍神（PRELUDE型）	○	2000/10/27		アストマックス、今村証券、オリンピックゴールド、カネツ商事、
龍神（BLIZZARD型）	○	2000/10/27		アストマックス、今村証券、オリンピックゴールド、カネツ商事、
龍神（インターナル型）	○	2000/10/27		アストマックス、今村証券、オリンピックゴールド、カネツ商事、
龍神（風林火山型）	○	2000/10/27		アストマックス、今村証券、オリンピックゴールド、カネツ商事、
龍神（YFC-COMB型）	○	2000/10/27		アストマックス、今村証券、オリンピックゴールド、カネツ商事、
ニューウェーブファンド		2001/4/18		岡藤商事、オカトーインベストメントマネジメント、
アルゴ オープン	○	2001/7/16	2006/6/30	三菱商事、三菱商事フューチャーズ、福井銀行、十六銀行
グラハム・オープン	○	2001/10/16	2005/2/28	三菱商事、三菱商事フューチャーズ
SPファンドⅡ		2002/8/29	2005/8/31	岡藤商事
YFオープンファンドⅡ	○	2003/2/24	2008/3/31	豊商事
ウェルトラ・オープン	○	2003/5/28	2010/6/30	三菱商事、三菱商事フューチャーズ
クラッスラ・ファンドⅡ		2003/5/29		岡藤商事、オカトーインベストメントマネジメント、
SPファンドⅢ	○	2003/9/27	2006/9/30	岡藤商事
グラハム・オープン2	○	2003/11/28	2005/3/18	三菱商事、三菱商事フューチャーズ
よろずファンドシリーズⅡ		2004/1/28	2005/3/18	入や萬成証券
アストマックスオルタナティブファンド		2004/3/25	2007/3/23	アストマックス、三井物産、三井物産フューチャーズ
グローバリーファンド・シリーズ12号		2004/4/30	2005/4/30	アストマックス、グローバリー
オプション・マスター		2004/5/26	2009/3/31	日本ユニコム
光陽パワーファンド	○	2004/5/26		三貴商事、光陽ファイナンシャルトレード、三晃商事
ダイヤモンド・セレクトFX	○	2004/7/29	2009/6/30	三菱商事、三菱商事フューチャーズ
ユタカ・オープン・トラスト		2004/8/23	2009/8/31	豊商事
グローバリーファンド・シリーズ13号		2004/8/30	2005/8/31	アストマックス、グローバリー
グローバリーファンド・シリーズ14号		2004/12/28	2005/12/31	アストマックス、グローバリー
ハイブリッドフューチャーズファンド（モデラート）		2004/8/30	2009/9/1	オリエント貿易、エス・ジー・信託銀行
（円参加）ドル運用積極運用型				
ハイパーラビット オープン	○	2002/6/30	2006/3/31	オリックス、オリックス証券、オリックス・アルフ
（円ベースの場合）				
（ドルベースの場合）				
（ドル参加）ドル運用積極運用型				
ハイパーグローバルトレーディングファンド	○	1996/3/27	2006/3/31	オリックス、オリックス証券

もあるので注意が必要です。

● 為替のリスク……商品ファンドの一部の資金は外貨建てで運用されるケースがあります。この場合、為替の変動の影響を受ける場合があります。

● 信用リスク……先物取引を委託する取次ぎ業者が倒産した場合、証拠金などの取引に伴う資金が回収できない可能性もあります。

第5章 この商品は検討に値する！

	騰落率				純資産価値	
	期間	1年間	設定来	年平均	1口(千円)	総額(千円)
	−0.30%	−4.45%	18.64%	3.20%	1,162.00	206,250
	3.27%	−8.07%	45.92%	7.55%	1,459.00	1,845,710
オリエント貿易、今村証券	2.73%	−5.48%	84.03%	15.52%	13.86	91,745
オリエント貿易、今村証券	0.78%	−6.08%	82.34%	15.21%	12.81	123,654
オリエント貿易、今村証券	2.76%	0.20%	46.07%	8.51%	11.69	58,877
オリエント貿易、今村証券	4.72%	0.31%	46.29%	8.55%	12.65	97,015
カネツ投資顧問	0.21%	−18.51%	−31.06%	−7.17%	6.89	7,660
カネツ投資顧問	11.04%	65.36%	128.79%	29.75%	18.09	94,397
カネツ投資顧問	3.85%	−5.19%	−9.07%	−2.10%	8.71	26,923
カネツ投資顧問	1.58%	−6.19%	−29.84%	−6.89%	6.54	14,034
カネツ投資顧問	−0.06%	−11.41%	5.99%	1.38%	9.79	22,086
カネツ投資顧問	2.06%	−3.12%	23.48%	5.42%	11.36	52,031
サン・キャピタル・マネジメント	1.20%	3.95%	48.76%	12.63%	10,176.00	3,622,711
	−3.89%	−13.71%	15.38%	4.24%	115.00	1,501,834
	−0.12%	−5.21%	10.29%	3.05%	110.00	406,121
	0.87%	−3.32%	10.54%	4.22%	9,688.00	900,985
	1.46%	−8.72%	−7.25%	−3.62%	90.00	777,940
	−0.44%	−6.25%	0.03%	0.02%	100.00	912,758
サン・キャピタル・マネジメント	0.95%	3.39%	4.86%	2.78%	1,049.00	9,291,591
	0.48%	−0.45%	−0.92%	−0.65%	9,907.00	1,820,279
	−1.61%	−11.88%	−4.64%	−3.70%	95.00	376,529
	−0.03%	−0.55%	−0.55%	−0.46%	9.94	2,272,351
	2.46%	−	1.69%	−	1,017.00	1,422,576
	3.61%	−	4.64%	−	105.00	523,203
	−1.92%	−	1.64%	−	9,850.00	907,297
	5.72%	−	19.17%	−	108.00	594,911
	−0.02%	−	−8.00%	−	92.00	398,688
	4.31%	−	10.65%	−	553.00	1,036,642
	3.68%	−	5.14%	−	105.00	525,867
	3.39%	−	2.47%	−	102.00	512,356
	3.72%	−	4.75%	−	104.75	547,382
	期間	1年間	設定来	年平均	1口(千円、$)	総額(千円、$千)
	0.38%	−8.46%	−10.61%	−3.98%	17,040.00	749,234
	−0.51%	−4.54%	3.97%	1.49%	$162,864	$7,161
	期間	1年間	設定来	年平均	1口($)	総額($千)
	−0.50%	−4.38%	67.30%	7.14%	$163,705	$26,057

出所：社団法人　日本商品投資販売協会

　また、商品ファンドの運用形態によっては、販売会社等の倒産が出資金に直接影響を与える場合もあります。購入の際は、目論見書等でしっかりと確認してください。

● 銘柄別のパフォーマンス

　2005年2月度の各社の月次ベースの運用成績表を表5－③にあげました（上記）。ご確認ください。

以上、商品ファンドと、商品を投資対象にしたファンドについて見てきました。私はこの本を執筆するに当たり、極力、実際に運用担当者や運用責任者、企画担当者に直接お会いし取材をさせていただくことを心がけました。
　以下、その取材の内容に基づいて下記2銘柄の商品の特性、運用実績などをご紹介したいと思います。

○日本ユニコム　オプション・マスター
・設定時期　2004年6月
・設定以来運用実績　＋4.97％（2005年4月末時点、分配金を含む）
・参加手数料　－（ノーロード）
・申込み単位　100万円以上10万円単位
・管理報酬（5.25％/年率）
・取材させていただいた方　日本ユニコム（株）　投資開発部部長　増田丞美氏、岡本大輔氏

　上記の増田氏は、日本におけるオプション実務の第一人者ともいえるでしょう。野村證券、モルガン・スタンレー等を経て現在、日本ユニコムでオールタナティブ商品の開発チームを率いていらっしゃいます。
　このオプション・マスターは日本ユニコムが業界で初めて開発した商品です。したがってオプション・マスター以前は、オプション取引をメインに据えた商品ファンドはありませんでした。今後、商品ファンドの世界でオプション取引という手法が根付くかどうか、

このオプションマスターの成否にかかっていると言えるかもしれません。

──企画の意図は。

「従来の投資信託にない絶対リターンという理念を掲げながらも、安定した運用成績を目指すことにより、たとえば退職金などの長期運用資産の投資先として広く利用していただくことを目指している。商品ファンドは一般的にはハイリスク・ハイリターンな金融商品だと思われているし、現にトレンド・フォロー型の商品にはそういう側面も確かにある。しかし、そのようなハイリスク商品に一般の人が多額の投資ができるのか？という疑問を持っていた。できるだけ多くの人にご購入いただくためには、リスクの小さい、手堅い商品を作らなければならないという考え方を基に、このオプション・マスターを開発した」

──商品企画に際し、既存のファンドを意識したか。

「本商品を企画するに際しては、毎月分配型、特に安定的に分配出し続ける債券型の投資信託を意識した。毎月分配型は運用成績が月次ベースで評価されることになるため、徹底したリスク管理が求められる。それでも、あえてオプション・マスターを毎月分配型にしたのは、従来の商品ファンドにつきまとう危険なイメージという誤解を払拭したいという強い目的意識があったからだ」

──設定以来の運用成績は。

「設定以来10ヶ月を経過したが、いま（2005年3月時点）のと

「オプションマスター」月別
分配金実績（1万口あたり）（表5-④）

		月間騰落率	分配金
2004年	6月度	0.70%	49.04円
	7月度	0.52%	36.47円
	8月度	0.55%	39.31円
	9月度	0.62%	43.87円
	10月度	−0.58%	−円
	11月度	0.58%	34.98円
	12月度	0.63%	74.58円
2005年	1月度	0.50%	35.46円
	2月度	−1.92%	−円
	3月度	2.47%	122.01円

ころ、運用成績が月次ベースでマイナスになったのは、２００４年１０月と２００５年２月だけ。１０月は原油価格が大きく上下したことにより一時的に運用成績がマイナスになった。そもそもオプション取引は、相場の上下動には関係なく収益を上げられる仕組みになっている。つまり、相場が一定のレンジの中で動いている場合は、コマメにオプション料を稼ぐことがでる。言い換えれば、相場が想定のレンジをを超えて上下動すると１０月のように運用成績がマイナスになる可能性もあるということだ。オプション・マスターでは、その月の運用実績がプラスの場合のみ分配を実施している。過去の分配実績をみると、多少のバラツキはあるが、２００４年１０月、２００５年２月を除いてすべて分配を実施している（表5-④参照)」

　今回取材をしてみて、商品ファンドは誤解されている面が多いと改めて感じました。増田氏が「オプション・マスター」を徹底したリスク管理が要求される手堅い商品に仕立てたのも、オプションという統計的な手法を商品ファンドのなかに持ち込んだのも、商品ファンドという言葉が持つイメージを払拭するためなのでしょう。
　従来の商品ファンドは運用担当者の勘と経験による部分が多かっ

たのですが、このオプション・マスターは生命保険の数理計算にも似て統計学・数学・確率的手法によって裏打ちされた商品です。派手さはないですが、今後もミドルリスク・ミドルリターンの商品として皆さんの資産に組みこむ価値は十分あると私は感じました。

○岡藤商事　クラッスラ・ファンドⅡ

・設定時期　2003年6月
・設定以来運用実績　＋5.72％（2005年3月末時点）、ただし、クラッスラ・ファンドを通算すると年間収益率は11.81％（複利）
・申し込み単位　100万円以上100万円単位
・参加手数料　1億円未満　1.5％
・管理報酬（年間1.5％）、その他、成功報酬、商品投資顧問報酬も発生しますが、上記運用実績はこれらを控除した後の数値
・解約手数料　解約金額の1.0％（ただし、2年以上保有した場合は無料）
・取材させていただいた方　岡藤商事株式会社　総合企画部より2名

──**本ファンドの投資戦略は。**

「基本的には裁定取引型の運用手法をとっている。裁定取引型の特徴は市場の歪みを利用して収益を上げるところにある。仮に歪みはいずれなくなり正常な姿に戻るとするならば、高い確率で収益を上げられる手堅い手法といえる」

「ただし、それが単なる歪みではなく、新たなトレンドの始まりであれば損失を被る可能性もある。商品市場で行なう裁定取引には大きく分けて2種類ある。ひとつは市場間の歪みに着目したもの、たとえば同じガソリンでも東京市場と中部市場の取引価格が微妙に乖離する場合がある。この市場間の一時的な価格差を利用した裁定取引は、きわめてリスクの低い取引手法といえる。2つ目の手法は、似た動きをする2商品（たとえば、原油とガソリンなど）の間で発生する一時的な価格差の拡大（もしくは縮小）を利用した裁定取引だ。こちらのほうは市場間の歪みを利用した取引に比べ、ややリスクの高いものになる」

——**本ファンドの特徴は。**
　「クラッスラ・ファンドⅡで起用しているＣＴＡ（商品投資顧問業者）は、主に上記のような2種類の裁定取引を組合わせた運用手法をとっている。また、当然のことながら裁定取引手法を主体としているため、商品相場の上下動の影響はあまり受けない」

　したがって皆さんが、もし今後商品相場が上昇し続けると考え、商品相場に連動した金融商品に投資したいと考えた場合、このファンドを投資対象にしてもあまり意味はないわけです。"商品"という名前がついているので一見、商品相場に連動するように思えますが、ここはぜひ注意してください。さらに申し上げますと、これは多くの商品ファンドに共通して言えることです。商品ファンドといっても商品相場の動きに連動しないの場合があるので、購入の際は、それぞれのファンドの投資手法をしっかりと理解するようにお願い

します。

――投資家はどのような観点でこのファンドを選択すればよいのか。

「本ファンドをポートフォリオに組み込むことにより、資産全体のリスク(上下動)を低減することができる。たとえば、2004年にすでに償還したクラッスラ・ファンド(クラッスラ・ファンドⅡは同ファンドの後継ファンド)はモーニングスター社の過去3年間のリスク分析によると、5段階評価の1(最もリスクが低い)に評価されている。同社の分析によると、日本人の平均的な金融資産構成(「基本ポートフォリオ」)にこのファンドを5%組み込むことにより、収益率を年率0.7%程度改善し、リスクをやや低減させる効果がある」

――投資家へのメッセージは。

「運用会社の運用能力に依存する商品なので、短期的にみれば多少のプラス・マイナスはあるが、ぜひクラッスラ・ファンド(2004年9月償還済み)の運用実績をご覧いただききたい(グラフ5-⑤参

クラッスラ・ファンド 過去の運用実績(グラフ5-⑤)

―― クラッスラ・ファンド　1,000→1,747　　―― 国内株式　1,000→731
設定日=1999年10月1日　設定日前日=1,000　国内株式=TOPIX　　(提供:岡藤商事)

照)。そうすれば他の商品ファンド、証券投資信託などの投資商品との実績の違いをご理解いただけると思う。株式、債券とも関係なく値動きし分散効果も高いので、皆さまの資産のポートフォリオへのく組み込みをぜひご検討いただきたい」

　たしかに、投資信託のように組み入れ銘柄から今後の値動きを予想することができず、ある意味、ブラックボックス的要素は多分にあります。これは商品ファンド・ヘッジファンドに共通した宿命とも言えそうです。とは言え、一定の割合で資産のなかに組み込んだ場合、過去の実績を見る限り皆さんの資産がより安定したものになるのも事実です。皆さんが長期運用を志向し資産の値動きを抑えたいのであれば、一度検討に値する商品と言えるでしょう。

○ダイワ・コモディティインデックス・ファンド
　（「ジム・ロジャーズ世界探検記」）
・設定時期　2004年12月
・設定以来運用実績　8.30％（2005年5月末時点）
・販売手数料　2.1％（税込み）/1,000万円未満の場合
・信託報酬　1.407％（税込み）
・申込み単位　500万円（以上は1円単位）
・取材させていただいた方　大和証券　商品企画部　米長次長

　まず、本商品は上記の2商品とは違い、いわゆる「商品ファンド」ではありません。しかしながら商品先物相場への投資を主に行ない、商品相場の値動きに追随して値動きするという意味では、商品ファ

第5章　この商品は検討に値する！

RICI（ロジャーズ国際コモディティ指数）について（表5-⑥）

RICI構成品目

（2004/9/30時点）

分類	商品	主な用途	構成比率	日経新聞	上場市場名
エネルギー 44.00%	原油	石油製品、石化製品、燃料	35.00%	※	ニューヨーク商業取引所
	天然ガス	都市ガス、火力発電燃料	3.00%		ニューヨーク商業取引所
	無鉛ガソリン	ガソリン	3.00%		ニューヨーク商業取引所
	ヒーティング・オイル	家庭用暖房機用灯油	3.00%		ニューヨーク商業取引所
産業金属 14.00%	アルミニウム	缶材、輸送用機器、建築材（サッシ）	4.00%	※	ロンドン金属取引所
	銅	電線、メッキ、顔料	4.00%	※	NY商業取引所（COMEX部門）
	鉛	蓄電池、ハンダ、ガラス、顔料	2.00%		ロンドン金属取引所
	亜鉛	メッキ、顔料、電池	2.00%	※	ロンドン金属取引所
	ニッケル	ステンレス	1.00%		ロンドン金属取引所
	スズ	ブリキ、缶	1.00%		ロンドン金属取引所
貴金属 7.10%	金	宝飾品、貯蓄品、精密機器	3.00%	※	NY商業取引所（COMEX部門）
	銀	写真フィルム、宝飾品、電子工業用材料	2.00%	※	NY商業取引所（COMEX部門）
	プラチナ	宝飾品、自動車触媒	1.80%		ニューヨーク商業取引所
	パラジウム	自動車触媒	0.30%		ニューヨーク商業取引所
家畜 3.00%	生牛	食肉	2.00%	※	シカゴ商業取引所
	豚赤身肉	食肉	1.00%		シカゴ商業取引所
穀物 21.09%	小麦	飼料、食品	7.00%	※	シカゴ商業取引所
	トウモロコシ	飼料、食品	4.00%	※	シカゴ商業取引所
	大豆	飼料、食品	3.00%	※	シカゴ商業取引所
	米	食品	2.00%		シカゴ商業取引所
	大豆油	食品（マーガリンなど）	2.00%		シカゴ商業取引所
	小豆	食品	1.00%		東京穀物商品取引所
	大麦	食品（ビールなど）、飼料	0.77%		ウィニペグ商品取引所（カナダ）
	菜種油	食品	0.67%		ウィニペグ商品取引所（カナダ）
	オーツ麦	食品（オートミール）	0.50%		シカゴ商業取引所
	大豆粕	飼料	0.15%		シカゴ商業取引所
ソフト 8.81%	砂糖	食品・酒	1.00%	※	ニューヨーク商業取引所
	綿花	衣類	3.00%	※	ニューヨーク商業取引所
	コーヒー	食品	2.00%	※	ニューヨーク商業取引所
	ココア	食品	1.00%		ニューヨーク商業取引所
	羊毛	衣類	1.00%		シドニー先物取引所
	生糸	衣類	0.15%		横浜商品取引所
	オレンジジュース	オレンジジュース	0.66%		ニューヨーク商業取引所
その他 2.00%	ゴム	タイヤ	1.00%	※	東京工業品取引所
	板材	建材	1.00%	※	シカゴ商業取引所
計			100.00%	77.00%	

※は日経新聞月曜日の商品市況欄に掲載

出所：大和証券提供

ンド以上に本来の"商品色"の強いファンドと言えるかもしれません。まず、このファンドの企画意図とその背景につき、米長氏にうかがってみました。

——**この商品を企画するに至った背景と意図は。**

「世界の商品市況は17年サイクルで上昇期と安定期を繰り返してきた。2001年から新たな商品相場の上昇サイクルに入っている、今後十数年は上昇相場が続く可能性がある。今回の商品相場の上昇の要因は中国の1人当たりのGDPが1,000ドルを超え、10億を超える人口が新たに商品消費層に加わってきたことにある。さらに、ジム・ロジャーズ氏の商品相場に対する強気の相場観も本商品の企画の大きな背景になっている」

——**本ファンドは具体的にどのような運用手法をとっているのか。**

「ジム・ロジャーズ氏が運営する会社が設定している、商品指数RICI（Rogers International Comodity Index）にできるだけ近似した商品の構成で運用することを目標としている（RICIの構成品

リターンとリスク（表5-⑦）

		リターン	リスク
商　品	RICI	14.86%	19.12%
	CRB指数	1.93%	13.12%
	原油	23.14%	37.85%
株　式	日本株	▲0.63%	17.84%
	米国株	▲2.55%	18.51%
債　券	日本国債	1.97%	3.71%
	米国債	2.65%	11.44%

計測期間　1998年8月～2004年9月の円ベースのリターンに基づき計算
出所：ブルームバーグCopyright 2004 Bloomberg LPなどより大和投信が作成したものを筆者抜粋

目については表5－⑥をご参照ください)。この指数はジム・ロジャーズ氏の独自の相場観により抽出した商品と構成比につき、毎年12月に継続的にメンテナンスを行なって決められている。米国にはＣＲＢ指数という商品指数があるが、ジム・ロジャーズ氏の開発したこのRICIは過去実績（計測可能な1998年8月から2004年9月）を見る限り、CRB指数や日本株、米国株、債券などに比べても高いパフォーマンスを残している（表5-⑦参照)」

　ここでいうリスクは価格の変動とのことで、数値が小さいほど価格変動が少なく安定した値動きをする、ということを意味していま

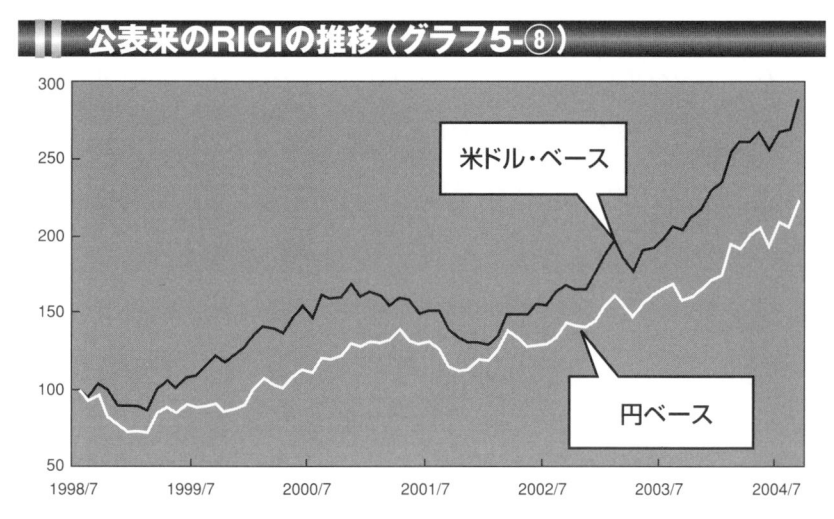

公表来のRICIの推移（グラフ5-⑧）

RICIの年間パフォーマンス

	1998	1999	2000	2001	2002	2003	2004	発表来
RICI（米ドル・ベース）	-11.14%	41.82%	26.57%	-18.51%	33.41%	31.93%	26.20%	188.72%
RICI（円ベース）	-28.53%	25.51%	41.83%	-6.29%	21.23%	17.88%	30.81%	122.89%

1) 1998年のパフォーマンスは7月末から年末までの数値
2) 2004年のパフォーマンスは9月末までの数値
※RICI（円ベース）は、公表されている米ドル・ベースの指数を、大和投信が指数と同日の為替（TTM）で円換算したもの

出所：大和投信作成

す。またリスクはやや大きいものの、ご覧のように株や債券の値動きと比べても際立ったパフォーマンスを示していますね。さらにRICIのここ数年の推移を表したものがグラフ5-⑧です。

　少なくともRICIは公表以来、上昇傾向にあるのは事実です（ただし、商品相場そのものが1999年あたりから上昇に入っているので、多少は割り引いて考えておく必要があるかもしれません）。

　　──**本ファンドの運用方法は。**
　「具体的な運用手法は至って単純で、RICIにあわせて、商品先物の売買を単純に繰り返していくだけだ。この手法は理論的には現物を買い持つのと同じことになる。商品ファンドはどちらかというと、中身がブラックボックス的になっており、わかりづらい面があるが、このファンドは投資対象が明確で、投資手法も先物の"保有"のみに徹しているため投資家にとっては非常にシンプルで戦略が理解しやすいのが特徴だ」

　このファンドへ投資する場合、気持ちとしてはジム・ロジャーズ氏の推奨する商品へ分散投資するという意識でいたほうがよいかもしれないですね。このようにたった一人の著名人の相場観をよりどころに組成されたファンドも珍しいのではないでしょうか。
　ジム・ロジャーズ氏の相場観を信じる人にとっては、おもしろいファンドかもしれません。たしかに"勝ち馬に乗る"のも重要な投資戦略かもしれません。
　さらに、米長氏が言うように、株や債券といった伝統的な資産との値動きの相関性が低く、分散投資の受け皿として考えた場合でも、

魅力のある商品と言えそうです。また、間接的に商品先物相場に投資することになるためインフレ対策にもなります。ここのところ上昇を続ける商品相場を横目でみながら、なんとかとその上昇トレンドをご自分のポートフォリオに組み入れたいとお考えの方にとっては、かなり魅力的な商品といえるでしょう。最低投資額が500万円とやや高額なのが難点ですが、資産残高が5,000万円以上お持ちの方は10％程度をメドに配分してみてはいかがでしょうか。

❷ ヘッジファンド

　ヘッジファンドに対する皆さんのイメージは、先ほどご紹介した商品ファンドと同じく、なにやら危険なものというものではないでしょうか。いや、むしろ危険なものというより、別の世界で起こっている縁遠いできごととお感じになっているかもしれません。ある意味それももっともなことかもしれません。ヘッジファンドはいまでこそ日本でも注目を集めるようになりましたが、実際にヘッジファンドに資金を投じているのは年金基金や生保・損保といった一部の機関投資家に限られており、まだまだ私たちのような一般の小口投資家が買えるファンドは数えるほどしかありません。皆さんが縁遠い存在としてしか見られないのも当然かもしれません。

　それでも、なおヘッジファンドが世界で残高を増やし続け、日本においても注目度が高まってきている理由は何なのでしょうか？

　それは、第一に株や債券などに投資する伝統的手法と違って、相場の上下に影響されることなく収益を狙えるところにあります。株や債券を投資対象とした伝統的なファンドの場合、いくら優秀なファンドマネージャーに運用されていても、株式相場や債券相場という全体の流れに逆らって収益を上げ続けるのはなかなかむずかしいですね。これに対し、ヘッジファンドにはさまざまな運用手法（各手法の紹介はのちほど）があり、程度の差はありますが、一般的には全体の相場と関係なく収益を狙うことができる仕組みになっています。

また、上記のことと関係があるのですが、伝統的なファンドの場合、下げ相場では収益を上げにくいという特性もあり、一般的にファンドの評価は相対リターン（これについては商品ファンドのところでご説明しました）で行なわれます。すなわち、ファンドの運用会社と投資家は必ずしも利益を共有できなかったわけですね。これに対し、ヘッジファンドの評価は商品ファンドと同じく絶対リターンで行なわれ、ファンド運用者の報酬もファンドの絶対リターンに基づいて支払われる部分（成功報酬）が主体です。ここでは、投資家とファンドの間で利益が共有されているわけです。
　これらのことも、投資家のヘッジファンドへの信頼感が高まることに寄与しているのではないでしょうか。

　さて、ヘッジファンドというと非常に先進的で、新しい金融商品だというイメージが強いと思うのですが、実はその歴史は1949年までさかのぼることができます。当時のファンドはというと株や債券を主体に運用する商品しかなく、下げ相場にはなすすべもなく指をくわえて相場が下がるのを見ているより仕方がありませんでした。そういった状況の中で、下げ相場でも何とか収益を上げられる商品を作れないか、と考えたファンドマネージャーがいました。名前をアルフレッド・W・ジョーンズと言います。彼はその後、独自のファンドを立ち上げ、多くの資金を集め投資家の支持を得ることに成功しました。
　最もヘッジファンドが注目されたのは1987年のブラックマンデーのときでしょう。ご承知のように米国の株式相場の暴落に端を発し、世界の株式相場は大きく下げましたが、ヘッジファンドはこの

間、高い収益をあげ、機関投資家や個人投資家から注目を集めました。その後、1990年代末にはロシア危機と、それに端を発した米ヘッジファンド大手のロング・ターム・キャピタル・マネジメント（LTCM）の（実質）破綻など、ヘッジファンドにとっての試練が続きましたが、2000年以降は世界的に株式相場が低迷したこともあり、順調に残高を増やしています。

　2004年末現在では世界のヘッジファンドの残高は1兆ドル（対前年比約30％増、直近4年間で倍増）に達していると言われています。日本でも、りそな銀行が2005年度の末までにヘッジファンドなどに最大1,000億円の投資を決める（日経金融新聞の記事より）など機関投資家を中心に徐々に資金を移す動きが出てきていると言えそうです。

　2005年に入り、一時的に運用成績の悪化が伝えられてはいますが、私自身は、これからもヘッジファンドは、日本の個人投資家にとってますます存在感を強めてくると思っています。第3章でも申し上げたように、すでに日本株、外国株、国内債券、外国債券という、いわゆる伝統的な4資産配分だけでは十分な分散効果が得にくくなってきているのではないでしょうか。

　世界経済のグローバル化に伴って、国内株と海外株の連動性が高まってきています。また、これからは、株と債券が同じ方向に動く局面も想定しておかなくてはなりません。

　そういった理由から、商品ファンド、REIT（不動産投資信託）、ヘッジファンドなどを株や債券に次ぐ第三の資産としてあなたのポートフォリオに組み込むことを真剣に考えていただきたいと思います。

●ヘッジファンドの投資手法の多様性

　ヘッジファンドと一口に言ってもその投資手法は千差万別、ファンドマネージャーの数だけ投資手法があるとさえ言われています。とは言うものの商品ファンドの場合と同じく、いくつかの手法に大くくりすることは可能です。以下に代表的な投資手法をいくつかご紹介します。

★株式ロング・ショート手法
　割安と思われる銘柄の買いと割高銘柄の売りを組み合わせる手法で、ヘッジファンドの運用手法としては最もオーソドックスです。
　この手法をとった場合、仮に売りと買いを同じウエイトで持ったとすると株式相場に影響を受けることなく、選択した銘柄の超過収益率のみで勝負することができます（特にこのような手法をマーケット・ニュートラルと呼びます）。割安に放置された株はやがて適正価格まで上昇し、反対に割高株は下落することになり、その結果、株式相場全体の流れにかかわらず、収益をあげるチャンスがあるというわけです。ただし、実際には差し引きベースでみると買いのポジションに傾けるファンドマネージャーが多いため、世界の株式相場の動向に連動しやすい傾向を持っているようです。

★転換社債裁定手法
　転換社債と株の値動きには密接な連動性があります。この手法は一時的に発生する転換社債と株の価格形成の歪みに着目した裁定取引の一種です。裁定取引は代表的なヘッジファンドの運用手法であ

り、取引の対象は転換社債だけでなく、債券の値動きを対象としたもの、企業の吸収合併（M&A）に伴う合併する側とされる側の2企業の株価の歪みに着目したものなどもあります。

　要するに、市場性のあるあらゆる価格の一時的な歪みがヘッジファンドの投資対象になるわけです。わずかな価格形成の歪みを利用した取引なので、ヘッジファンドの運用手法のなかでは比較的安定した収益を見込める手法といわれています。

★グローバル・マクロ手法

　為替や金利など、世界の市場の方向性を予想し大きくポジションを傾ける手法。予測が当たると大きな収益に結びつく一方で、外れた場合の損失も大きい。ジョージ・ソロス氏がとっていた戦略はこの手法でした。一時はヘッジファンドの主要な戦略でしたが、現在では15％程度の比率を占めるに過ぎません。

★破綻証券投資手法

　主に、破綻した企業の株式等への投資を行なう手法。ただし、この手法は破綻企業の株式等だけではなく、割安に放置され買収の対象になりそうな企業の株式等を先回りして買っておき、買収先への転売を狙う場合もあります。最近では、短期売買で収益機会を狙うだけではなく、長期運用を見すえ、企業経営にまで興味を示し始めたとの見方もあります。

★マネージド・フューチャーズ

　日本でいうところの、商品ファンドに似た投資手法をとってい

す。違いは日本の商品ファンドが「商品ファンド法」の規制のもとで運用されているのに対し、マネージド・フューチャーズは（ヘッジファンドはすべてに共通していますが）運用法についての規制は受けることはありません。すなわち、先物であれば為替・金利・商品・株・債券などあらゆる投資機会で運用することができます。そういう意味では、日本の商品ファンドより自由度が高い金融商品だといえます。

　また、こられの手法をいくつか組合わせたバランス型の投資手法をとるファンドもあります。

●**ヘッジファンドを対象にしたファンド・オブ・ヘッジファンズ**

　上記のように、ヘッジファンドの運用手法は多種多様です。しかしながら伝統的な投資信託と違って投資手法が複雑な分、中身がわかりにくく、投資家から見れば、いわゆるブラックボックス的なものになる傾向もあります。このようなことにも原因があるのでしょうか、ヘッジファンドの世界では複数の運用会社のヘッジファンドへ分散投資をする、ファンド・オブ・ファンズの占める割合が高くなっているようです。ファンド・オブ・ファンズを経由してヘッジファンドへ流入する資金の割合は、全ヘッジファンドの資産残高のうち45％程度になる、という見通しもあります。

●**ヘッジファンドの注意点**

　もともとヘッジファンドは不特定多数の投資家を対象にした（これを公募形式といいます）ファンドではなく、私募形式のファンド

です。言い換えれば、個人が自分の資産をプロの運用者に任せて運用してもらっているのと同じです。自分のお金を自分の責任において運用しているわけですから、監督官庁に届け出る義務も、開示の義務等の規制を受けることも（2004年末現在では）ありません。

　また、米国の法律では1つのヘッジファンドが行なう募集対象（投資家のことです）は99人以下と決まっています。このあたりは従来の投資信託とはずいぶん違うので注意が必要です。

　では、ヘッジファンドにはまったく規制がないため不正が横行しているかと言えばそうではありません。ヘッジファンドそのものには規制も届出の義務もないのですが、ヘッジファンドの運用者（ファンドマネージャー）には審査規定が設けられており、監督官庁に対する情報開示が義務付けられています。

　ただし、最近はヘッジファンドの社会的影響が大きくなってきており、米国では2005年2月にヘッジファンドに対しSEC（証券取引委員会）への登録を義務づけました。

　また、ヘッジファンドを考えるうえで大きな注意点があります。それは手持ちの資金に対し何倍の投資を行なうかという"レバレッジ"という概念です。手持ちの資金のみで投資を行なうとすれば、収益も限定される代わりにリスクもさほど大きくはなりません。これに対し、銀行から借り入れを行ない手持ちの資金を100倍にしたうえで運用するとどうでしょうか。仮に裁定取引手法のようなリスクの低い運用手法をとっていたとしても100倍のレバレッジをかけたとすれば、リスクはとてつもなく大きくなります。

　事実、前記のLTCMの破綻はこれが主な原因でした。破綻直前のLTCMは手持ち資金に対し、100倍程度のレバレッジをかけていた

と言われています。このLTCMの例は極端で、現在の平均的なヘッジファンドが用いるレバレッジは2〜3倍程度といわれています（なかには、のちほどご紹介するプラチナム・ファンドのように、レバレッジをまったくかけないファンドもあります）。そのファンドがレバレッジを使うか、使うとすれば総資産の何倍までレバレッジをかけるかについては、目論見書に等の募集関係の資料で必ずチェックする必要があります。

　現在、日本で募集されているヘッジファンドはヘッジファンドを組み込んだ公募型のファンド・オブ・ヘッジファンズが中心です。したがって、欧米流のヘッジファンドとは違い、個人投資家むけ商品として、日本人好みの言わば"味付け"がされています。しかしながら、元を正せば欧米のヘッジファンドを組み込んだものです。皆さんがもし、このようなファンド・オブ・ヘッジファンズや近い将来、欧米流（"私募形式の"）のヘッジファンドの直接購入を検討する機会があれば、目論見書をじっくり読み、ぜひ上記のような点にご注意のうえ購入するようにしてください。

●日本型ヘッジファンドの現状

　現在、日本の証券会社の店頭で購入できるヘッジファンドは厳密な意味でのヘッジファンドではありません。欧米でいうところのヘッジファンドとは、上記のように特定の投資家（米国では99名まで）に限定にした私募形式のファンドを指します。現在日本でいわゆるヘッジファンドと呼ばれている商品は、下記のいずれかに分類できそうです。

★ヘッジファンド的運用手法を採る投資信託

　たとえば、2004年11月の日本経済新聞に「最近の主な個人向けヘッジファンドと運用成績」として10銘柄が紹介されていました。これらはいずれも日本の「証券投資信託法」や「投資信託協会」のルールにより、運用上の規制を受けた商品です。もし、ヘッジファンドという金融商品が"当局の規制を受けることなく、自由に運用できる商品"と定義するならば、これらの商品をヘッジファンドと呼ぶことはできません（ただし、販売サイドはヘッジファンドとは称していませんのでご注意ください。日本経済新聞が個人向けヘッジファンと呼んでいるだけです）。

　たとえば、欧米のヘッジファンドには上記のように"レバレッジ"に対する規制がありません。したがって、株式ロング・ショート戦略をとった場合、自由に株の空売りができ、結果として下げ相場でも積極的に収益をあげることができます。これに対し、日本の規制の下では同じ株式ロング・ショート戦略をとったファンドでも、空売りに対する数量的な制限（ファンドの資産総額と同じ金額までしか空売り認められない）があり、下げ相場を完全にヘッジするのは困難です。ただし、レバレッジが小さいためリスクは小さく抑えられているとも言えます。

　どちらがよいかは別にして、日本型ヘッジファンドは本来の（欧米型の）ヘッジファンドと違い、当局の規制を受けるため、運用手法に制限が設けられていることになります。この種のファンドの代表例として

☆スパークス・ロング・ショート・ストラテジー・ファンド（スパークス・アセットマネジメント）

☆ガードモア・日本株Ｔ＆Ｃ・オープン（ガードモア・アセットマネジメント）

などをあげることができます。

★ファンド・オブ・ヘッジファンズ（欧米のヘッジファンドに間接的に等するファンド）

　日本で公募されているヘッジファンド（と称されている商品）にはこのほかに、ケイマン諸島など国外に籍を置いた、欧米のヘッジファンドを組み込んだファンド・オブ・ファンズ形式のものがあります。これらのファンドへの投資は間接的ではありますが、欧米のヘッジファンドへ投資するのと同じ効果を得ることができます。間接的であるがゆえに、これらのファンドは日本で公募形式で販売することを認められているわけですね（さらに細かく申し上げると、ヘッジファンドに連動して値動きする"債券"に投資することにより、間接的にヘッジファンドへ投資するケースが主流になりつつあるようです）。

　これらのファンドは（欧米系ファンドを組み込んでいるため）高い収益率が望める反面、一定のリスクも覚悟しなくてはなりません。代表例として、

☆マン・グローバル・マルチ・ストラテジー償還時元本確保型ファンド（三菱証券）

をあげることができます。

　この「マン・グローバル・マルチ・ストラテジー・償還時元本確保型ファンド」は2004年に国内で募集した投資信託のうち、初回設定額としては最大規模の550億円（円換算で）となりました。こ

よくある米国ドル建て元本確保商品のイメージ（図5-⑨）

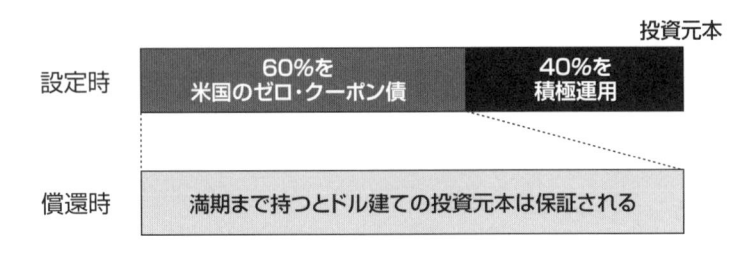

設定時：60%を米国のゼロ・クーポン債／40%を積極運用　投資元本

償還時：満期まで持つとドル建ての投資元本は保証される

　のファンドは、資金の40%を英国の大手ヘッジファンド運用会社であるマン・インベストメント・リミテッドが運用するいくつかのヘッジファンドに分散投資（実際にはこれらファンドと連動して値動きする"債券"への投資という形式をとっていますが）するものです。残りの60%は米国ドル建てのゼロ・クーポン債に配分し、信託期間が終了する2017年にはヘッジファンド部分が仮にゼロになっても、残り60%のゼロ・クーポン債部分だけでドル建ての元本は確保できる仕組みになっています。本来、ヘッジファンドは元本を割る可能性も十分あるのですが、ヘッジファンドへの投資を40%に抑え、償還時まで持てばドル建てで元本が確保される（ゼロ・クーポン債の保証銀行が倒産しない限りは）という配慮がされています。この仕組みについては第4章の最後でご説明したとおりです。（図5-⑨参照）

　また、本ファンドはすでに募集を完了していますが、今後もこういったヘッジファンドを組み入れた元本確保型のファンドは他社からも積極的に販売されるのではないでしょうか。

　以上のように、日本型ヘッジファンドの現状はようやくファン

ド・オブ・ヘッジファンズとして個人投資家が小口で購入できるレベルになりつつある、といったところです。これから日本におけるヘッジファンドの流れは、証券会社の店頭で購入できる商品に加え、欧米のヘッジファンドを個人投資家がダイレクトに購入するというスタイルも定着していくのではないでしょうか。

いずれにしても、今後の日本におけるヘッジファンドの行く末を占うには欧米の最先端のファンド運用会社の現状をみておくことは重要なことだと思います。そういう観点で私は2004年の11月、英国のロンドンに本社をおくプラチナム・キャピタル・マネジメント社の日本法人代表のエドワード・パンター二氏と同社取締役のビンセント・ポワザの両氏にインタビューを行ない、同社の戦略や商品の特性、過去の運用実績などをうかがうことができました。同社は日本に進出したヘッジファンド運用会社としては草分け的存在で、1999年以来日本法人を設けて日本で活動しています。

以下、その内容についてお伝えしましょう。

●**プラチナム・キャピタル・ジャパン社へのインタビュー**

――**日本市場についてどのように考えているか。**

「これからは年金基金などがまず、本格的にヘッジファンドを買ってくることになると見ている。我々は日本の個人投資家にも注目している。なぜならば日本のゼロ金利政策は今後も継続すると予想されること、政府によるリタイアメント層に対する高福祉政策が見直されつつあること、また、日本の個人投資家が強く求めている"安定した"収益をヘッジファンドは提供することが可能だからだ。我々は日本のヘッジファンドマーケットは今後10年間は非常な勢

いで拡大すると見ている」

　彼らにとって日本のマーケットはいま最も注力したいマーケットのひとつです。現に、プラチナム・キャピタル・マネジメント社は1999年にいち早く日本法人を設立しました。まさに腰をすえて日本の市場の開拓に取り組んでいるように見えます。

——**日本での今後の販売戦略はどのようなものか。**
　「われわれが日本に法人を作った最大の目的は、できるだけ大勢の投資家・証券会社・銀行の担当者の意見に耳を傾け、いま本当に日本人が欲しがっている商品は何かを見きわめ、それを商品化していくことにある」
　「日本の個人投資家は多くの金融資産を持っているが、実際のところ何に投資をすればよいのわからず、とりあえずお金を銀行に置いているに過ぎない。そういった日本の"普通の"個人投資家にもっと当社のファンドを身近に感じてもらうため、最低投資金額を現行の500万円から200万円に下げることも考えている」
　「日本人は誰か著名なオピニオンリーダーが推奨すると一斉に同じ方向に動き出す習性がある。ヘッジファンドもどこかのタイミングで同じような現象がおきると見ている。われわれは日本では、たしかにまだビッグネームではない。われわれが日本で成長するためには、日本の大手証券会社と提携する必要がある。現在は数社の大手証券会社と販売提携の話を始めている。これらの大手証券会社と提携することができれば日本の個人投資家に対する認知度、信頼感を高めることができる。加えて、いまはネット系金融機関へも提携の

打診をしている」

——貴社が運用するファンドの特徴は？
「当社のファンドはレバレッジをまったく使っていない。これはわれわれの大きなセールスポイントだ。レバレッジを用いれば、たしかに高い収益を上げることは可能だが、逆も十分あり得る。ヘッジファンドはハイリスク・ハイリターンの商品だと誤解されているが、決してそうではない。採用する戦略とレバレッジのかけ方によっては、きわめて安定した運用が可能だ。われわれはあくまで安定した運用実績をあげ続けることにより投資家に貢献したい」

続いて、現在同社が運用しているヘッジファンドの具体的な内容にについて紹介しましょう。
彼らは現在、下記の7種類のファンドを運用しています。
★プラチナム・エクイティ・プラス
★プラチナム・ワシントン
★プラチナム・オールウェザー
★プラチナム・ターンベリー
★プラチナム・ダイナスティ
★プラチナム・プレミア
★プラチナム・ポートフォリオ
　これらファンドのうち、プラチナム・エクイティ・プラスは、26人のファンドマネージャーにより運用されている同社の旗艦ファンドです。他の6つのファンドは、一人のファンドマネージャーによって運用されているやや小ぶりのファンドです。では、順を追

■ プラチナムファンドの過去の運用成績（グラフ5-⑩）

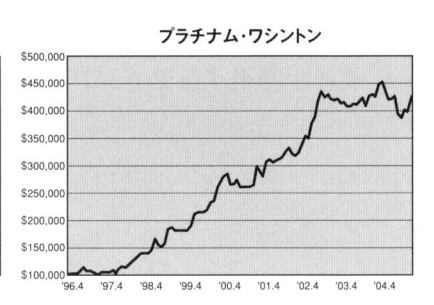

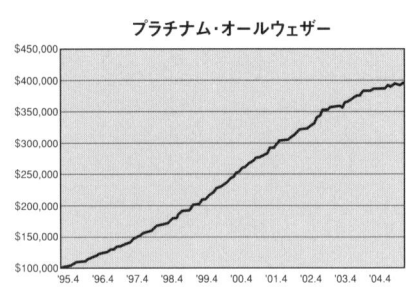

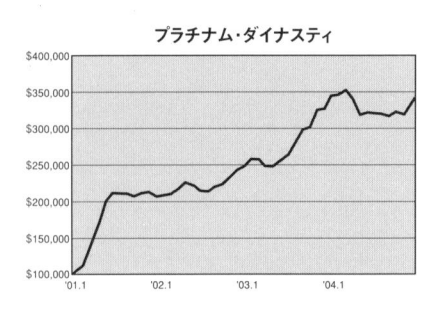

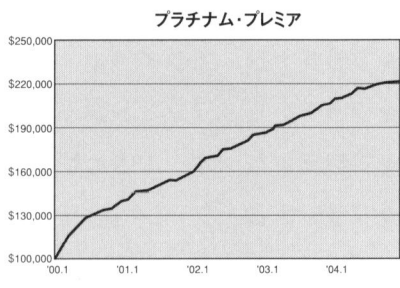

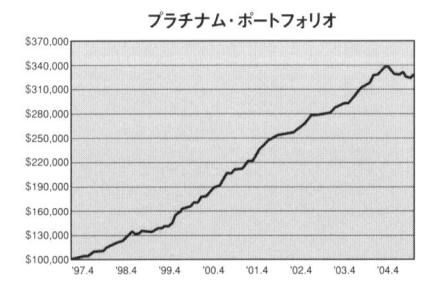

プラチナム・エクティ・プラス

プラチナム・ワシントン

プラチナム・オールウェザー

プラチナム・ターンベリー

プラチナム・ダイナスティ

プラチナム・プレミア

プラチナム・ポートフォリオ

って詳細をみてみましょう。

★プラチナム・エクイティ・プラス
- 株式ロング・ショート戦略、裁定取引戦略、グローバル・マクロ戦略など、まったく関係なく別々のファンドマネージャーによって運用されているおよそ20のファンドの集合体（マルチ・マネージャー・ファンド）。
- 目標リターンは年率12～13％、最低投資金額は5万ドル。
- 1999年の設定以来、2004年10月までの運用成績は＋142％（注意してください。これは100が242になったという意味です。＋42％ではありません）。

★プラチナム・ワシントン
- 米国株を対象にしたロング・ショート戦略。
- 目標リターンは年率20％、最低投資額は10万ドル。
- 1996年の設定以来、2004年10月までの運用実績は＋327％。

★プラチナム・オールウェザー
- 株価指数を対象とした、オプションの裁定取引。
- 値動きは極力押さえ、年率10％～14％の安定運用を目指す。
- 1995年の設定以来、2004年10月までの運用実績は＋294％。

★プラチナム・ターンベリー
- 債券（不良債権および割安に放置された債券）投資戦略。
- 1993年の設定以来、2004年10月までの運用実績は＋420％。

●1995年からは運用チームは変わっていない。

★プラチナム・ダイナスティ
●中国株ロング・ショート。
●目標リターンは年率15％〜20％。
●2001年の設定以来、2004年10月までの運用実績は＋238％。

★プラチナム・プレミア
●米、英、欧の債券を対象にした裁定取引。
●2000年設定以来、2004年10月までの運用実績は＋121％。
●目標リターンは年率10％〜15％、過去4年間月次ベースで一度もマイナスを記録していない。

★プラチナム・ポートフォリオ
●上記のすべてを組み込んだファンド・オブ・ヘッジファンズ。
●1997年の設定以来、2004年10月までの運用実績は＋227％。

　上記の各ファンドの過去の運用実績については、（グラフ5-⑩＝184ページ）をご参照ください（なお、これらのデータは募集を目的にしたものではありませんので、ご注意ください）。

　いかがでしょうか。あくまで過去の実績ではありますが、それぞれ素晴らしい実績を記録しています。直接はなしをうかがってわかりましたが、たしかにかれら欧米のヘッジファンドはいま日本の市場に大変注目をしているようです。イギリスの大手ヘッジファンド

運用会社、マン・インベストメントが2004年夏に全額出資会社「マン・インベストメンツ証券」を日本に設立し、日本国内で年金基金向けヘッジファンドの組成に着手しました。

　これからもプラチナム・キャピタルやマン・インベストメントに続いて日本の投資家向けにヘッジファンドを組成する動きは活発化していくのではないでしょうか。私たち個人投資家が、いますぐにこれら欧米型のヘッジファンドを直接の投資対象にするのは時期尚早という気がしますが、30年という長いスパンで考えた場合、投資対象のひとつになる可能性は十分にあります。先ほどの商品ファンドとあわせ、ぜひこれからも折にふれ研究を心がけていただければと思います。

●未来系ヘッジファンドの選び方

　ここからは、多少お遊びになりますが、将来のヘッジファンドと私たちがどのように付き合っていくことになるか、想像してみたいと思います。

　ここまでのヘッジファンドの説明を読んでいただき、ヘッジファンドというものは、数学や統計学を駆使した高度な金融工学の手法を用いた金融商品だということはなんとなくご理解くださったと思います。いまでも一般的にヘッジファンドは募集の際に目標収益率を公表しますが、今後は収益率に加え、予想リスク（統計学ではリスクは価格変動率を意味しており、標準偏差という指標を用いて数値化することができます）を単に"目標値"としてだけではなく、数学的・論理的アプローチに基づいて合理的に算出することが可能になるのではないでしょうか。一方で第2章でもご説明したように、

ライフプランニングをしっかりと設計することにより、個人サイドも資産の目標収益率と許容されるリスクを明確に数値化することができるようになると思います（私は現在その作業に取り組みつつあります）。

　ここでは購入者側とヘッジファンド側がはじめて同じ基準で商品を語れることになります。簡単に言うと、たとえばあなたが収益目標を年率15％におき、許容できるリスクはプラスマイナス5％というように設定できたとすると、それにあったヘッジファンドの銘柄が自動的にいくつか抽出できるといったイメージです。
　ここは数値の世界ですから、営業マンの勧誘もなければ、投資家の主観が入る余地もありません。さらに申し上げれば、そのファンドが何を投資対象にしているかすら意味を持たなくなるかもしれません。このような状況になれば、極端な話、すべてインターネット上で完結させることもさほどむずかしい話ではありません。多少味気ないような気もしますが、近い将来このように金融資産の選択を個人の好みや主観に頼らず、数値のみで行なう時代が来るような気がします。
　さらに申し上げると、今後のファンドはすべてヘッジファンドに収斂していくかもしれません。相場の環境がどのように動いても、あなたの将来の生活が防衛できる手段は、金融工学によって合理的に裏打ちされた、ヘッジファンド的な商品しか、いまのところ見当たらないのですから……。

3 SMA（セパレートリー・マネッジド・アカウント Separately Managed Account）

　SMAというのはSeparately Managed Accountの略で、証券会社が投資家の資産を丸ごと預かり、一任で運用する口座のことをいいます。顧客は証券会社に自分の運用要望を伝え、一方で証券会社は顧客の要望を踏まえたうえで独自の判断により株や債券等の売買を行なう仕組みで運用されます。顧客は各々の売買ではなく資産残高に対して一定の手数料を支払いますが、そのなかには売買手数料、口座管理料、コンサル料などすべて包含されていることから「ラップアカウント（Wrap Account）」とも呼ばれています（図5-⑪参照）。

　ここでは大和証券の「ダイワSMA」という商品を例にとり、その仕組みを見てみましょう。大和証券では、社内に「投資顧問室」

SMAのしくみ（図5-⑪）

※ダイワSMAの場合。資料提供：大和証券（株）

というＳＭＡサービス専門の組織を持っています。さらにこの「投資顧問室」のなかには、ＳＭＡ顧客へのコンサルを行なうスタッフや、預かった資産を運用する専任のファンドマネージャーなどがいます。顧客は証券会社と投資一任契約を結ぶことによって、コンサルテーションや資産運用といったサービスを包括的にを受けることができる仕組みになっています。

　このＳＭＡ、日本では2003年5月に証券取引法の一部改正によって、実質的に解禁されたばかりの新しい商品ですが、米国ではすでに30年の古い歴史を持っています。2003年末時点での米国における残高は5,000億ドル＝約55兆円に達しており、すでに米国の大手証券会社の収益の柱に育ちつつあります。

　では、なぜ米国でＳＭＡは急速に発展したのでしょうか。
　まず、第一にあげられるのはネット証券の台頭でしょう。米国でも日本と同じくネット系証券会社は手数料を下げて大手証券会社からシェアを奪いました。これに対し、大手証券会社は手数料の安さ以外の部分、すなわち"コンサルテーション"や"一任性（任せきりにできるという意味です）"といった付加価値で対抗したわけですね。
　第二には、いくら売買を行なっても手数料は一定に抑えられるという顧客側から見た"使い勝手の良さ"もあったのでしょう。一般には米国の個人投資家は自分自身の判断で株や債券の売買を行なっていると思われていますが、このようにＳＭＡが個人投資家の資金を集めている事実をみると、証券会社に運用を任せてしまいたいと考える個人投資家が大勢いることがうかがえます。

●日本におけるＳＭＡ発展の可能性

　では、日本でははたしてＳＭＡは定着するのでしょうか。日本においてＳＭＡが実質的に解禁されてからまだ間がありませんが、私自身はある意味で米国よりもニーズが高いのではないか、という気がしています。上記のように、ＳＭＡの本質的な意味合いは
●証券会社から見た場合、顧客から一任を受けた資産の残高に対し、常に一定の収入を得られるので個々の手数料の値下げ競争から開放され、収入を安定させることができる。
●投資家から見た場合、資産運用をプロの手に委ねることにより、高い運用実績が期待できる。
ということにありますが、特に日本の個人投資家の特性を考えた場合、米国の個人投資家に比べその金融リテラシーの未熟さは否めず、そういう観点では、より"資産運用のプロの手に委ねたい"というインセンティブは強く働くようにも思います。

　また、従来の証券会社と顧客の関係をみると、証券会社側の、できるだけ顧客の資産を早く回転させて（言い換えると頻繁に売買を繰り返させて）手数料を稼ぎたいという欲求と、顧客側の資産を増やしたいという欲求が必ずしも一致していないことが多く、この利益の不一致が結果的に個人投資家をネット証券に走らせる一因にもなっていたように思います。
　ＳＭＡの世界では、少なくとも証券会社の評価の基準は「顧客の資産をどれだけ増やすことができたか」という点に絞られることになります。もしそうでなければ個人投資家からみて"資産運用のプ

SMAサービス各社比較（表5-⑫）

項目＼サービス名称	ダイワSMA	プレミアポート	ロング・アップ
証券会社名	大和証券	日興コーディアル証券	新光証券
運用スタイルの種類	●国内、中小型成長株 ●国内、中小型割安株 ●国内、大型割安株 ●裁定取引型 ●コア・バリューロング・ショート	●ロング・ショート市場中立型 ●ロング・ショートウェイト変更型 ●ロング・ショート絶対リターン重複型 ●ロング運用ベンチマーク型	●マネー・リザーブ ●日本株マーケット・ニュートラル ●ワールド・ソブリン
最低契約金額	5,000万円以上 500万円単位	1,000万円以上	2,000万円以上 100万円単位
手数料	残高に対し1.05%～3.15%（※1）（年間） 又は 年間0.525%～2.10%の（※1）固定手数料 ＋ 成功報酬（※2） （元本超過分×10.5%～21%） （※1）株式の組み入れ比率により異なる （※2）超過率により異なる	残高に対し1.785%（年間） 又は 絶対リターンに対し最大31.5% （ただし、運用スタイルにより異なる）	残高に対し3.0%（年間） 又は 年間2.0%の固定手数料 ＋ 成功報酬 （元本超過分×20%）
運用スタイルの変更	運用開始後6ヶ月経過後から3ヶ月ごとの日初めに変更可能	いつでも可能	年3回まで変更可能

各社資料に基づき筆者作成（2005年3月現在）

口の手に委ねる"意味合いがなくなり、SMAからお金は逃げていくことになるでしょう。結果として、証券会社側も顧客側も一任された（あるいは一任した）資産をどれだけ増やすことができるか、という点で利益が一致するはずです。

このように、証券会社と顧客が利益の一致をみた場合、日本でもSMAは伸びが想定される一方、顧客に対して期待どおりの収益をもたらさない場合は単なる"一時的なはやりもの"に終わってしまうことでしょう。つまりは、個々のファンドマネージャーの運用能力にSMAの将来はかかっているといってもよいのではないでしょうか。

●SMAの具体的なサービス

では現在、日本でどのようなSMAサービスが提供されているのでしょうか。以下あげてみましょう。

★ダイワSMA（大和証券）
★プレミアポート（日興コーディアル証券）
★ロング・アップ（新光証券）

2004年末現在、提供されているサービスは上記の3商品のみです。各社サービスの比較を表5-⑫で行ないましたので、ご参照ください（次ページ）。

表5-⑫の「運用スタイルの種類」という項目については多少の説明が必要です。各証券会社はSMAのために「運用スタイル」を複数本（会社によって違いますが、3～9本）持っています。一方で、顧客の投資相談にのるコンサルタントは、顧客の要望にもっとも適した「運用スタイル」の組み合わせを提案します。ここでの「運用

スタイル」はそれぞれが、ある運用方針により運用されている一種の投資信託だと思ってください。ただ、投資信託と違うのは
●運用の中身を日々見ることができる点
●組み入れ対象が現物株である場合、議決権や配当を受ける権利がある点
●組み入れ対象が現物株である場合、顧客の希望によりあらかじめ組み入れを拒否できる点（これは主にインサイダー取引対策として設けられています）
などといえます。

　基本的には各社とも「運用スタイル」を顧客側が選択できるようになっている点は同じなのですが、各社で「運用スタイル」の呼び方もちがいますし、設定している本数にも大きな開きがあるので注意が必要です。たとえば、日興コーディアルの「プレミアポート」が選択肢としては最も多く、
a)ロング・ショート市場中立型で3本
b)ロング・ショートウエイト変更型が2本
c)ロング運用・絶対リターン重視型が3本
d)ロング運用・ベンチマーク運用型が1本
の合計9種類の運用スタイルのなかから選択することができます（2005年3月現在）。
　同社がここで用いている用語を解説させていただくと、
a)ロング・ショート市場中立型とは「ヘッジファンド」の部分でご説明したのと同じく、買持ち（現物買い）と売持ち（先物の空売り）を同じ割合で持つことにより、市場全体の流れに極力とらわ

れず、選択した買い銘柄から得られる超過収益率で勝負する運用手法です。

b)ロング・ショート・ウエイト変更型は買い持ちと売り待ちの比率を調整することにより、ある程度市場全体の流れにのって収益を狙う運用手法です。このロング・ショート・ウェイト変更型はヘッジファンドでいうところのロング・ショート型の運用手法に似てはいますが、日本の法的な規制の下で運用されていますので、ヘッジファンドと比べ多少自由度が少ない運用手法といえそうです。

c)ロング運用・絶対リターン重視型は、従来の積極運用型の投資信託と同じく現物株を買いを持つことにより積極的に収益を狙う手法です。

d)ロング運用・ベンチマーク運用型は、ベンチマークに連動させるタイプの投資信託と同じ手法です。

おわかりのように、「ロング」は買い、「ショート」は売り、「ロング・ショート」は割安銘柄の買いと、割高銘柄の売りの組み合わせです。「ロング運用」とつけば割安銘柄を買って持っておく、という意味合いです。

これに対し、新光証券の「ロング・アップ」は

a)マネー・リザーブ（短期の公社債での運用）

b)日本株マーケット・ニュートラル（ロング・ショート戦略による市場の動きに対し中立的な運用手法）

c)ワールド・ソブリン（世界20カ国程度の国債を中心にした運用手法）

の3種類のみです。選択肢の多さという意味では、プレミアポートに軍配が上がりそうです。

　次に、手数料体系を見ておきましょう。基本的には各社とも収益と関係なく資産の残高に対して一定率で手数料を支払う「固定手数料型」と、「固定手数料」と「成功報酬」の「組み合わせ型」のいずれかを顧客側が選択できるようになっています。
　固定手数料のみを選択した場合、「プレミアポート」は残高に対し年率で1.785％であるのに対し、「ロング・アップ」は同じく3.0％と随分開きがあります。さらに、最低契約金額をみても「プレミアポート」が1,000万円であるのに対し、「ロング・アップ」は2,000万円以上、「ダイワSMA」に至っては5,000万円とずいぶん高額です。実際に、商品を選ぶ場合は上記のようなポイントを中心に考えるとよいでしょう。

　続いて、例によって上記商品のうち、大和証券の投資顧問室の担当者に「ダイワSMA」につき取材を行ないましたので、下記ご紹介いたします。

――**本商品の企画意図は。**
　「2つの意図がある。ひとつは証券市場の活性化に向けて証券取引法が改正され、実質的に証券会社が投資顧問業を兼業できるようになったこと。2つ目は、従来のようなコミッションを中心とした収入の体系から脱却し、フィーを中心とした体系に移行を目指したかったからだ」（筆者注：コミッションというのは売買に際して、顧

客から支払われる手数料のことです。これに対し、フィーというのは顧客からの預かり資産に応じて支払われる報酬のことを指しています。おそらくネット証券との競合を考えた場合、対面型営業の利点である顧客ごとのキメ細かい対応という点に付加価値を見出していくことが重要だ判断したのでしょう）

——**本商品発売までの経緯は。**

「2003年に法的な環境が整ったのをうけ、2003年7月に投資顧問準備室を立ち上げ調査活動をスタートし、2004年2月には現在の投資顧問室となった。正式な運用は2004年10月にスタートした。組織的には投資顧問室のなかに、運用課、コンサルティング課、業務・審査課という3つのセクションを設けており、運用課は顧客から預かった資産の運用を行なっている。9名の運用担当者がおり、現在5つの運用スタイルでそれぞれ運用している。それに対し、コンサルティング課は顧客に対しアセット・アロケーションを提案したり、運用相談にのるなど主にコンサル業務を行なっている。10月の運用開始以来まだあまり時間がたっていない（取材を行なったのは2004年12月中旬）が、現在までにおよそ50名のお客様と契約に至っている」

——**日興コーディアルの「プレミアポート」との違いは。**

「プレミアポートの最低契約金額が1,000万円と比較的低額からスタートできるのに対し、当社の商品は最低5,000万円からとなっている。当社の場合、日興コーディアルと違い"ワン・トゥー・ワン"のサービスを特徴としている。要するに、顧客との契約金額の

ハードルをあげると同時に、一人一人に対し細やかなサービスを提供し、顧客の金融資産を運用することにより、当社に対する信頼感を高めていただこうと考えている」

──**顧客の反応は。**
「現在ご契約くださった顧客からはおおむね好評をいただいている。なかには『持っている資産をプロが一任で運用してくれる、まさにこういう商品を待っていた』という顧客もいた。また、いままでも当社には口座は持っていたが取引がなかった顧客が、これをきっかけにして取引を開始する、といったケースもある」

──**では具体的に、顧客はどのような運用スタイルから選択できるのか。**
「現在のところ、日本株中心であるが、以下のような運用スタイルが9名の担当者により運用されている。
1.中小型成長株
2.中小型割安株
　これらは、いずれも現物株のみで運用している。
3.大型割安株ヘッジ
　これは、大型の割安株に対する現物株投資とTOPIXに連動したETF（上場投資信託）の空売りを組合わせた運用手法である。相場が目先下がると読んだ場合は、TOPIX連動ETFの空売りを行なうことにより、下げ相場のヘッジ（回避）を目指している。
4.ペアトレード
　値動きの相関性が高い2銘柄の値動きの乖離に着目したサヤ取引

による運用。
5.コアバリュー

　収益性を分析したうえで、"割安株のグループ"と"割高株のグループ"を作っておき、前者の銘柄を現物で買っておくと同時に、後者の銘柄を空売りする、という手法だ。トータルでは市場の動きに対して中立の運用を目指している。現在のところ、以上のような運用スタイルから顧客にご選択いただいている」

──**将来の展開は。**

「現在は、日本株中心の運用だが、将来的には日本の債券・海外の債券・外国株などを組み込んだ運用スタイルも選択いただけるようにしたい、さらにはヘッジファンドのような非伝統的な運用スタイルにも取り組んでいきたい」

　日本の大手証券会社にとって、大量の営業マンを投入し、顧客に次から次へ株の推奨銘柄を回転売買させ、手数料を稼ぐというやり方はすでに過去のものになり、株の売買取次ぎの主役はいまやネット系証券会社に移ってしまいました。さらに、投資信託の販売についてもネット系証券や銀行に主役が移りつつあるようです。特に海外の債券を対象にした債券型の投資信託の販売では、銀行の存在感が日増しに高まってきているようにも見えます。では、いったい日本の大手証券会社のリテール（対個人）戦略は、これからどこを目指していけばよいのでしょうか？

　取材をしてみて、私自身はそのひとつの答えが、このSMAにあるのではないかという気がしました。大手証券会社が持っていて、ネ

ット系証券会社や銀行が提供できないサービスは何か？という観点で考えた場合、
1．対面営業による顧客一人一人と向き合ったコンサルテーションの実施
2．顧客の資産の拡大が、そのまま証券会社の収益拡大につながる仕組みづくり
3．伝統的な株・債券といった限定された商品だけでない、幅広い商品ラインアップの提供

というところに活路を見出すしかないのではないでしょうか。1のコンサルテーションについては、個々のコンサルタントの能力に依存する部分が多く、いままでこの部分を重視してこなかった大手証券会社にどの程度の人材が育っているか多少疑問はありますが、仮に、その点において問題がないとするならば、SMAサービスは今後の日本の大手証券会社の目指す方向と合致したサービスだと言えそうです。

　さらに申し上げれば、証券会社の活路という観点で見れば、SMAをはじめ、彼らのリテール部門は今後ますます富裕層向けにシフトしていかざるを得ない宿命にあるのではないでしょうか。上記のようにコンサルテーションを武器にした個人投資家の取り込みを考えた場合、100万円や200万円の小口の資産を対象にしていては"商い"として成立し得ないからです。

　先ほど申しましたが、本来コンサルテーションというものは属人的な要素に依存する部分が多く、言い換えればコンサルタントの経験とスキルにより、アウトプットされる結果の良し悪しに大きな開

きが出てくるものです。コンサルタントという職種は一般的には、スキルが高いほど人件費が高くなるようできています（なかには人件費ばかり高いコンサルもありますが……）。したがって、質の高いコンサルタントを使って、なおかつ"商い"として成立させるためには、大口の資産を相手にするしか方法はないという結論になるわけです。一歩進めて考えると、今後日本の大手証券会社がこのようなリテール戦略をとった場合、その成功の可否は、

１．大口の顧客の期待にそえる、"真の意味で"質の高いコンサルテーションを提供できるか。

２．顧客の資産を増やせる、実戦向きの運用スタイル（実質的にはファンド）を提供できるか。

の2点に集約できるのではないでしょうか。

最終章

お金に縛られない幸せなリタイアメント・ライフを

人は、なぜお金を増やそうとするのでしょうか？　その答えは人によってさまざまでしょうが、定年退職を間近に控えた団塊の世代の皆さんにとっては、おそらく「リタイア後の人生を、お金の心配をせずに過ごせるように」という答えが多数派ではないでしょうか。
　では、人はいったいどれだけのお金があれば、その後の人生をお金に困らずに過ごしていけるのでしょうか？　すでに第2章でご紹介したように、この答えはお一人お一人の将来にわたるキャッシュフロー表を作成することにより見えてきます。第2章の繰り返しになりますが、ご自分のキャッシュフロー表を作ってみるということは、資産運用に関し、具体的かつ実現可能な目標値を得るという意味で、非常に重要な意味合いがあります。
　仮にあなたがキャッシュフロー表を作成した結果、お金の心配から解放されるために、年率で3.5％の割合でお手持ちの資産を運用していけばすむという結論に至ったとしましょう。
　にもかかわらず、仮にあなたが年率で7％を目標にして資産運用に取り組んだとすればどうでしょうか。ここまでお読みいただいた皆さんなら、結果はすぐおわかりだと思います。
　一般的には、収益率とリスクは同じ方向に動きます。言い換えれば、高い収益率を求めるほど、あなたの資産は大きな危険にさらされることになります。本来は年率で3.5％の収益でよいところを、あえて7％の収益を取りにいくわけです。お金は多ければ多いほどよいという考え方もたしかにありますが、あなたの本来の目的が「リタイア後の人生を、お金の心配をせずに過ごせるように」ということであれば、必要以上の収益を取りにいく危険な行為は慎むべきです。

最後に頼りになるのは、一人一人のマネーリテラシー

　本書では一貫して、将来のキャッシュフロー表を作り、ご自分のマネープランをしっかり立てることの重要性を強調してきました。しかしながら、一方では第1章でご紹介したように、今後30年という長いスパンでものごとを考えた場合、（過去30年間そうであったように）今後も私たちが想像もしなかったようなできごとが次から次に起こり続けることでしょう。

　たとえば、第3章ではインフレ率・消費税率・年金など、さまざまな条件を変えながら、今後必要とされる資産運用の目標利回りがどのように変化していくか、シミュレーションをまじえながらその傾向を見てきました。しかし、まったく想定外のできごと（一種の金融カタストロフ：破局）が起こると可能性も、あながち否定はできません。現在の日本の債務残高はすでにGDPの160％以上に達しており、維持可能な水準を超えつつあるようにも見えます。また、そのような危機をことさら言い立て、あすにも金融カタストロフ（預金封鎖やハイパーインフレ）が起こると煽る向きも見受けられます。

　私自身は、日本はアルゼンチン・タンゴを踊る可能性よりも、イタリアの美味いワインを飲む可能性のほうがずっと高いと思いますが、だからといって金融カタストロフをまったく否定するつもりはありません。では私たちはこの問題に対して、今後どのように向き

あっていけばよいのでしょうか。

　たとえば、あなたが将来のハイパーインフレに備えて、土地や金（きん）などの（紙の資産でなく）実物資産に対し財産の50％（真剣に備えるのであれば、5％や10％では意味がありません）を投資したとしましょう。これらの資産はハイパーインフレが現実のものとなれば間違いなくあなたを守ってくれるでしょう。

　一方で（たとえばかつてのイタリアのように）危機感をばねに財政破綻の回避に成功したとすればどうでしょうか？　持っていた50％の実物資産は今度は間違いなく、あなたを苦しめる側に回るわけです。これらの投資行動は平常時のアセット・アロケーションを大いに歪め、結果としてあなたは大きな機会損失をこうむることになります。

　預金封鎖を意識した過度な海外逃避行動も同じことです。これだけ情報伝達スピードが速くなった社会ではありますが、私たち日本人にとっては語学力の問題もあり、日本と同じ感覚で海外で投資するには、かえって多くの危険が伴います。

　要するに、金融カタストロフ対策というものには相応のコストが発生するわけです。中国の故事に、空が落ちてきやしないかと毎日心配しつつ生きていく男の話がありますが（ご存知"杞憂"の由来です）、その男は"天が落ちてくる"という危険に備えるため、いつも"心配する"というコストを払い続けていたわけですね。コストを支払うのもよいのですが、コストは危険が現実化する可能性（生起確率）をしっかりと算出したうえで合理的に支払うのでなくては損得勘定が合いません。

最終章　お金に縛られない幸せなリタイアメント・ライフを

　いま、この手の雑誌・書籍は世の中にあふれていますが、皆さんには安易に流されず、これらのコストについて冷静に見きわめる目を身につけていただきたいと思います。
　では、まったく何の備えもしなくてよいのか？というと、そうではありません。いや、むしろ大いに備えていただきたいと思います。カタストロフはいつも予期せぬカタチでやってきます。そう誰もが想定しているような預金封鎖やハイパーインフレとしてではなく、"私たちがまったく予期せぬカタチ"でやってくると思っておいたほうがよいのではないでしょうか。この"予期せぬできごと"に向き合っていくためには、"応用問題が解けるレベル"まで、ご自分のマネーリテラシーを日々研鑽しておくことに尽きると申し上げておきましょう。

　第1章でみたように、世の中で起こる対処に困るできごと（特にお金の面で）というのは、ことごとく、前例がありません。2,000万円で買ったマンションが5,000万円の高値を付け、さらに買値より安くなってしまう。大企業に就職し一生安泰だと思っていた息子の会社が倒産する。絶対倒産しないと信じていた保険会社がつぶれ解約返戻金が減額された……などなど、いくら教科書や当時の新聞・雑誌などを見ても書かれていませんでしたね。
　ただ、これらのことは自らが勉強し、日々アンテナを高く張っておけば、ある程度、予兆として肌で感じるレベルまで自分を高めることができます。なにも、10年先、20年先の占いに大騒ぎをする必要はなく、人より多少早めに予兆を感じる能力、対処法に関する知識をしっかりと身につけておけば、それだけであなた自身を助け

る大きな武器になるのではないでしょうか。

　金融カタストロフへの備えは、遠い将来に何が起こるかについて考えることに時間を費やすことではなく、何が起こってもご自分とご家族の資産と生活を防衛できる知識や柔軟性、反射神経を日々磨いておくことではないでしょうか。幸いこれからリタイアメント生活に入る皆さんには、たっぷりとご自分のための時間があるわけです。このような観点でご自分のマネーリテラシーを高めていかれてはいかがでしょうか。

　そして、ぜひ「お金に縛られない幸せなリタイアメント・ライフ」をエンジョイしてください。

おわりに

　ここまでお読みくださり、まことにありがとうございます。一応、本書はここで終わりますが、実はまだ書ききれなかったことがあります。おそらく読者の皆さんのなかでも同じ思いの方がいらっしゃるのではないでしょうか。

　そうです、実際の株の売買について、本書では最後まで一切ふれることなく終わってしまいました。特に資産運用に関心の高い読者の皆さんは多少の物足りなさを感じていらっしゃるのではないでしょうか。まことに申し訳なく思っております。実は本書の構想のなかには株の売買の方法について私なりの考えをご紹介する部分があったのですが、残念ながら紙数の制限で割愛せざるを得なくなってしまいました。ただ、ここでいくつかエッセンスをご紹介して、お詫びに代えさせていただきたいと思います。

　ここ数年は個別の企業の業績はすこぶる良いですね。2005年3月期の決算では企業の業績は過去最高を更新しました。これは売り上げが増えたことにもよりますが、皆さんがご承知のように個々の企業が構造改革に正面から取り組み、人件費や製造原価を中心にしたコスト削減を行ない、なおかつそれが成功したことによります。特に日本の製造業には鉄砲伝来後、わずか数年で世界最大クラスの鉄砲生産国になった、「モノ造り好きのDNA」が備わっています。私自身は、今後の日本の個個々の企業業績には肯定的な見方をとっ

てよいと思っています。

　ただし、企業がいくら好業績を続けても、それがそのまま従業員の収入アップにつながるとはいえません。世界的にみて日本の従業員の給与はまだまだ高水準です。したがって、今後も企業は世界で勝負していくために、従業員に対する配分率をさらに下げていかざるを得ないのではないでしょうか。では、雇用される側は、企業が収益を伸ばしていくのを指をくわえて見ているしかないのでしょうか？

　いえ、決してそうではありません。企業があげた業績という果実を最も手っ取り早く手にする方法は、その企業そのものを所有してしまうこと、すなわち、その企業の株式を所有することです。そういう根本的なところに焦点をあてると、私たちは株式投資というものについて、もっと前向きに考えてもよいのではないでしょうか。

　では、株式投資に前向きに取り組むとして、具体的にどういったところに注意しておけばよいのでしょうか。

　まず、本書の読者の皆さんには"株の信用取引"だけには手を出さないでくださいと申し上げておきます。現物株の売買では、少なくとも投資した以上にお金を失うことはあり得ないですよね。ところが、信用取引の場合はご存知のようにそういうわけにはいきません。ヘッジファンドのくだりでもご紹介したように、信用取引というのはご自分の資産に対して"レバレッジ"をかけ、実力以上の大きな取引を行なうものです。すなわち、投資した金額以上にお金を失う可能性が出てくるわけです。

おわりに

　では、なぜ投資した金額以上に失うことがいけないのでしょうか？　ここまでお読みいただいた読者ならもうおわかりだと思いますが、それはアセット・アロケーションが崩れるからです。復習になりますが本来、アセット・アロケーションというものは資産をリスクの許容度ごとに分かつことから始めます。ここで最も多くのリスクを追求するグループはハイリスク資産ということになるわけですが、このグループは運用に失敗し最悪の場合はすべてを失うということを想定しておく必要はありますが、残高がマイナスになり、ほかの資産グループを侵食することまでは想定していないのです。
　"株の信用取引"はハイリスクの資産グループがゼロになるだけでにとどまらず、ほかの資産グループ、さらに申し上げれば、あなたの全資産をゼロにする可能性もないとは言い切れません。もともとハイリスク資産といっても、たかだか目標利回りは年率8％程度に過ぎません。信用取引に手を染めなくても現物株の売買だけで十分達成可能な数値です。

　もうひとつお願いがあります。人間の欲望というものには際限がありません。わざわざアセット・アロケーションを設計し、各資産グループごとに目標利回りを設定している理由もそこにあります。できるだけ、数値目標を達成可能な範囲でたてることにより、ご自分の欲求に歯止めをかけるという意味合いもあるわけです。
　特に株の売買というのは厄介なシロモノで、上がっているときは、際限もなく上がり続けるという錯覚に陥り、売りのタイミングを逃すもの。逆に下げ相場では、どこまでも下がり続けるという錯覚に陥り、絶好の買い場を逃してしまいがちです。しかしながら、現物

株の売買では安く買って、高く売ることによってしか成功を手にすることはできません。では、どうすれば下がっているときに株を仕入れ、高くなった時点で売ることができるのでしょうか？

　最も重要なことは「極力自分の欲望は排除する」ということではないでしょうか。具体的には、ご自分の相場観をまずしっかり持ち、それに基づいた相場のレンジを決めておくという手法がよいのではないでしょうか。そのレンジの中で現在の相場がどの位置にあるかをつねに見ておき、それによって株の持ち高を"機械的"に調整するという手法をお勧めします。
　具体的な方法は割愛しますが、いずれにしても株の売買で成功を妨げる最大の要因は、ご自身のなかにある欲望や恐怖心であることは間違いありません。できるだけ一定のルールに基づいた機械的な売買を行なうことにより、それらをコントロールする。結局、長期でみるとこのような手法が最も成功に近づける方法だと私は思っています。機会がありましたら、ご紹介させていただきたい思います。

　また、最近はやりのデイトレードについてもこの機会に一言申し上げておきたいと思います。
　皆さん、"ゼロサムゲーム"という言葉の意味をご存知でしょうか？　ゼロサムゲームとは、勝者の勝ち分と、敗者の負け分を合算するとゼロになるゲームのことです。デイトレードは正にこのゼロサムゲームですね。株に対する投資期間を極端に短くすることによって、本来おのおのの株式が持っている「企業価値」にまったく目を向けることなく売買を行なうわけです。

おわりに

　株価には本来、「企業価値」（正確には、現在の企業価値と、その企業が将来行なうであろう配当を現在の価値に換算したものの合計）という一種の"裏書"がされています。私たちのような中長期投資家は、「その"裏書"された企業価値に対し、適正な価格はいくらなのか」を見きわめる努力を欠かさず行なっています。それぞれの投資家によって、裏書されたものに支払う対価が違うので、株価というものは常に変動しているわけです。要するに、その裏書された価値がいったいいかほどのものなのかの読みあいの世界で日々勝負を繰り返しているとも言えます。

　これに対し、デイトレードというものは株式が持っている本来の価値に一切の敬意を払わず、保有期間を"いま"というまさに一瞬のみに限定することにより、株式投資をギャンブルに変える行為といえるでしょう。株式投資は本来ゼロサムゲームでもなければ、ましてやギャンブルでもありません。中長期のスパンで見れば、株価は必ずその会社の「企業価値」に収斂（しゅうれん）するものです。場合によっては、保有者全員が勝者になる場合もありますし、当然、その逆もあります。
　対して、デイトレードはまったくのゼロサムゲーム、個人が持っている程度のスキルでは、理論上は回数を重ねていけば勝者も敗者もなくなります。少なくとも、この本の読者の皆さんのような、大切なリタイアメント資金を投入する投資手法ではないと思います。
　以上、私が日ごろ考えている株の売買についてのエッセンスをいくつかご紹介させていただきました。

最後になりますが、もし皆さんが本書で取り上げたライフプランの設計に基づいた資産運用に取り組んでみたい、とお考えになり、なおかつ、私たちのようなプロのサービスの活用をご検討なら、一度ご連絡ください。何かお役にたてることがあると思います。

　本書の読者の皆さん全員が幸せなリタイアメント・ライフをお送りいただけることを心から願っております。

田中徹郎　（たなか・てつろう）

1961年、神戸生まれ。神戸大学経営学部卒業後、1985年に三洋電機（株）入社、本社財務部勤務を経て、1990年にソニー（株）入社。ソニーでは主にマーケティング畑を歩む。特に1999年からはプロダクトマネージャーとしてソニーのビデオ会議システムを国内メーカーシェアNo.1のポジションへ導く。その後、ソニー生命を経て独立。（株）銀座なみきFP事務所を設立する。テクニカルアナリスト、ファイナンシャルプランナー。

（株）銀座なみきFP事務所
TEL 03-3574-0670
HP　http://www.ginzafp.co.jp

50歳からの30年!!
ゆうゆう生きるお金学

Ⓒ T.Tanaka
2005年　8月10日 初 版 発 行

著　者　田　中　徹　郎
発行者　鵜　野　健　二

発行所　こ　う　書　房

〒162-0805　東京都新宿区矢来町112 第2松下ビル
電話 03(3269)0581〈代表〉　　FAX 03(3269)0399
e-mail　xla00660@nifty.ne.jp　　url http://www.kou-shobo.co.jp/

印刷所■プロスト　　製本所■共栄社製本
Printed in Japan　　定価はカバーに表示してあります。
ISBN4-7696-0874-8　C2030

こう書房ではあなたの原稿・企画をお待ちしています

〈原稿募集〉
　小社で発行する書籍の原稿をひろく募集いたします。あなたがお書きになった原稿の主旨とコンテ（目次だて）を簡単にまとめて下記住所までお送り下さい。

〈企画募集〉
　小社で発行する書籍の企画をひろく募集いたします。企画書の形にまとめお送り下さい。お送りいただく際、過去にあなたがお書きになった書籍・雑誌等の記事（コピー可）がございましたら、あわせてお送り下さい。

　応募原稿、応募企画の採用不採用のご返事は、約１〜２週間後にお知らせいたします。なお、お送りくださった書類等はお返しできませんので、その旨あらかじめご了承下さい。

〈デザイナー募集〉
　小社で発行する書籍のカバーデザイン、本文で使用する図版のデザインをやっていただくデザイナー（個人・団体は問いません）を募集いたします。

〈ライター募集〉
　小社で発行する書籍を執筆するライター（個人・団体は問いません）を募集いたします。得意なジャンルと過去の実績（書籍、雑誌）をお知らせ下さい。

　デザイナー・ライターとも下記電話番号に連絡の上、あなたの作品をご持参下さい。

　なお、いずれの募集に関する詳しいお問い合わせも下記連絡先で受け付けております。

〒162-0805
東京都新宿区矢来町112第2松下ビル　こう書房　編集部
TEL03(3269)0435　FAX03(3269)0399